PARTI SOCIALISTE

(Section Française de l'Internationale Ouvrière)

XXII° CONGRÈS NATIONAL

8, 9, 10, 11 et 12 Février 1925

GRENOBLE

RAPPORTS

de la

Commission Administrative Permanente

Rapport du Groupe Socialiste au Parlement

PARIS
LIBRAIRIE POPULAIRE
12, Rue Feydeau, 12

1925

LA SITUATION DU PARTI EN 1925

par Paul Faure, *secrétaire général.*

Voilà quatre ans écoulés, depuis Noël, que le socialisme français a dû rompre, à Tours, avec les éléments que Moscou lançait à l'assaut du Parti, de ses postes directeurs, de sa presse, de sa doctrine et de ses traditions.

J'ai souvent évoqué le triste retour sur Paris dans le train qui ramenait quelques-uns de ceux qui restaient fidèles au drapeau. Qu'allions-nous faire? Comment remonter le courant? Les violences, les méchancetés, les insolences des bolchevistes n'allaient-elles pas intimider et décourager les militants chevronnés de nos fédérations mutilées, décimées, quelques-unes à peu près complètement détruites? Auraient-ils, ces militants, assez de ressort physique et de force d'âme pour supporter les attaques d'anciens camarades et y répondre avec la vigueur nécessaire?

On pouvait tout craindre. La route était pleine de mystère, de colères et de haines. Nous avions l'impression fort nette que l'œuvre de regroupement allait être terriblement difficile, que nous étions pour ainsi dire désarmés et que les bolchevistes, nous considérant comme leur principal ennemi, allaient se livrer contre nous aux campagnes les plus ignominieuses et les plus brutales. Ils n'y manquèrent pas. Ceux d'entre nous qui ont vécu, d'une vie militante, cette lamentable époque s'en sont aperçus, car, si nous étions quasiment désarmés, eux ne l'étaient point.

Ils avaient la supériorité du nombre, des moyens d'argent considérables, en comparaison tout au moins de nos maigres ressources; le secrétaire général du Parti et le directeur de l'*Humanité* restaient à leur service; enfin le journal de Jaurès, mis debout à la suite de tant de sacrifices et d'efforts, allait désormais servir à démolir, ô dérision et imposture! tout ce que le génie du maître avait servi, aimé, célébré, exalté!

Vaincre, ou seulement résister, tenir dans ces conditions désespérantes où tout semblait s'effondrer autour de nous, n'était-ce pas un rêve insensé, une entreprise vaine et décevante ?

Aussi, le parti bolcheviste nous écrasait-il de sa superbe et, trop heureux de l'aubaine, les journaux bourgeois lui faisaient chorus.

Nous étions un « petit état-major sans troupes », ayant perdu tout contact avec les masses, toute influence sur les travailleurs.

Léon Blum avait parlé à la fin du Congrès de Tours de la « vieille maison » que nous allions maintenir, avec son foyer où se retrouverait plus tard la famille dispersée et les frères ennemis. Ce sentimentalisme élevé, qui exprimait si bien la grande pitié que nous éprouvions de nos propres misères et du mal dont allait pâtir le prolétariat, était traité avec un souverain mépris — comme les larmes de Sembat avaient été accueillies par des ricanements. Notre vieille Maison, avec toute la gloire de ses souvenirs, toute la richesse de son histoire, allons donc ! C'était tout au plus une barraque Adrian, servant de refuge à une poignée de « social-traîtres et d'agents déterminés de la bourgeoisie ».

C'est pourtant ainsi que nous avons débuté après la scission. Ajoutez une table et quatre chaises dans un sordide quatrième de la rue Feydeau. Il n'est pas mauvais de se souvenir de tout cela maintenant que nous avons retrouvé nos positions sur le vaste champ de bataille politique et social, où nos drapeaux flottent tout fiers de nos dernières victoires.

Des socialistes de ces premières heures troubles, les uns sont venus se ranger à nos côtés spontanément, comme toujours ils avaient servi le socialisme, apportant à leur Parti un dévouement sans limite, un attachement que rien, aucune épreuve, ne saurait amoindrir. Avec eux, nous avons triomphé.

Rappelons ces choses pour mémoire et passons.

Aujourd'hui, le Parti socialiste a retrouvé, accrues peut-être, ses forces d'avant la guerre. Il y a des fédérations où, comme dans le Finistère, l'Hérault, la Saône-et-Loire, la Gironde, les Bouches-du-Rhône, les inscriptions au Parti atteignent un chiffre qu'elles n'avaient jamais connu.

Dans l'ensemble, nous sommes environ 73.000, c'est-à-dire à peu de choses près le chiffre de 1914, année prospère s'il en fut, à cause de la campagne contre les trois ans et des élections.

Nous avons 104 représentants à la Chambre, six au Sénat où nous nous infiltrons peu à peu, des centaines d'élus cantonaux, de nombreuses municipalités dans de grandes villes et dans les principaux centres industriels.

A moins d'événements fâcheux, imprévus et improbables, l'influence du socialisme français va désormais aller grandissante et avec un rythme accéléré.

Pourtant, nous avons traversé des moments délicats et difficiles, en dehors et en plus des luttes bolchevistes.

La loi électorale absurde et injuste qui nous régit et qui risquait de jouer de la même manière qu'en novembre 1919 où elle donna la majorité au Bloc national, de détestable mémoire, nous contraignit à des coalitions localisées et contrôlées. On sait avec quelle répugnance la plupart des militants acceptèrent ce pis aller, cette « pilule amère ». Mais chacun fut beau joueur et y mit du sien. Dans telle fédération on fit cartel, dans telle autre, on présenta des listes purement socialistes. Cacophonie, contradiction, désordre? Peut-être un peu. Mais on s'en tira et quand les fumées du combat se furent dissipées, l'armée socialiste apparut entière, solide victorieuse.

De même pour la politique pratiquée depuis les élections du 11 mai. Ça ne va pas toujours très bien, ça grince. Peut-il en être autrement? Il n'y a pas, en France, le système des deux grands partis, comme c'est le cas en Angleterre, en Autriche, et comme cela tend à le devenir en quelques autres pays. Alors, qu'est-ce que vous voulez, il y a des tactiques différentes correspondant à des situations différentes. Tant que la bourgeoisie ne se groupera pas contre nous en un seul bloc, il pourra y avoir des formations parlementaires de coalitions où les socialistes essayeront de donner la majorité à une politique de paix et de réformes. C'est une entreprise périlleuse. Tout le monde en convient. Mais le moyen de l'éviter?

On commettra des erreurs, c'est sûr, on fera en même temps de très bonnes choses. C'est la vie cela, celle des individus comme celle des collectivités. Vivons-la avec hardiesse et courage !

Le Parti socialiste a surmonté trop d'obstacles ; il « revient de trop loin » pour qu'on ne lui fasse pas maintenant confiance. Ses congrès futurs souligneront sa force, remédieront à ses faiblesses, corrigeront ses erreurs. Il reprendra ensuite sa marche vers son idéal, vers l'avenir, avec sans cesse des horizons plus vastes, comme un grand fleuve dont rien ne saurait arrêter le cours, ni les barrages, ni les remous des tournants, et qui va vers l'océan, tantôt tumultueusement à travers les défilés étroits des vallées, tantôt roulant ses eaux plus paisibles parmi les espaces infinis des vastes plaines.

L'essentiel pour le socialisme, c'est de ne jamais perdre de vue sa direction, sa raison d'être, son terme.

Sa raison d'être, c'est de traduire les aspirations, les intérêts immédiats et lointains du prolétariat, d'organiser et d'éduquer les travailleurs pour ces combats.

Son terme, c'est la conquête totale du pouvoir en vue de réaliser l'affranchissement du travail et de la paix du monde par la socialisation de toutes les sources de la vie publique dans tous les domaines.

C'est pourquoi, sous le régime des coalitions et « politique de soutien » aussi bien que dans les périodes d'opposition, il est et demeure un parti de lutte de classe et de révolution ; ces formules n'impliquant pas, bien entendu, le sens étroit de sectarisme borné ou de violences systématiques que les bolchevistes ont pris pour leur compte.

RAPPORT ADMINISTRATIF

présenté par J.-B. SÉVÉRAC

Secrétaire adjoint du Parti

DU CONGRÈS DE MARSEILLE (30 Janvier-3 Février 1924) AU CONGRÈS DE GRENOBLE

I

Le XXIᵉ Congrès National

(Marseille, 30 Janvier-3 Février 1924)

Ordre du Jour.

Le XXIᵉ Congrès national, tenu à Marseille du 30 janvier au 3 février 1924, avait à son ordre du jour les questions suivantes :

1° Rapports de la C. A. P. ;
2° Rapport du Groupe socialiste au Parlement ;
3° Rapport du Conseil d'administration du *Populaire* ;
4° Rapport de la librairie du Parti ;
5° Élections législatives (programme et tactique) ;
6° Renouvellement des organismes centraux.

L'examen des quatre premières questions aboutit à des votes approuvant les divers rapports.

La Tactique électorale.

Sur la plus importante des questions à l'ordre du jour, celle des élections législatives, c'est à l'unanimité que le Congrès vota la motion dont voici le texte :

Au moment où le Parti doit se prononcer sur la tactique électorale, la politique pratiquée depuis 1919 et, spécialement, depuis l'occupation de la Ruhr, par la majorité et les gouvernements du Bloc National, est en train de développer ses conséquences fatales :

Elle menace en France, par la baisse du franc, les conditions de l'existence de la classe ouvrière. Elle compromet dans l'Europe entière ses conditions de travail. Elle expose à de nouvelles catastrophes la paix du monde.

S'inspirant, comme dans tous ses actes, de l'intérêt des travailleurs dont il est le défenseur et le représentant, le Parti craindrait de manquer à son devoir envers le prolétariat de France et le prolétariat international s'il n'usait de toutes les armes à sa portée pour briser enfin cette œuvre de ruine et de guerre et pour préparer, en France, le changement politique dont peuvent dépendre la préservation des droits du travail et le salut de la paix.

♣

La loi électorale, que son effort tenace n'est pas parvenu à modifier, ne lui permet pas en fait de s'acquitter partout, avec ses seules forces, de cette tâche nécessaire. Elle l'oblige, au contraire, à envisager une nouvelle victoire du Bloc National si les partis d'opposition devaient se heurter isolément à la coalition réactionnaire déjà constituée.

Le Parti est donc conduit par cet ensemble de circonstances extraordinaires à admettre la possibilité de coalitions électorales. Mais, dans ces coalitions, le Parti socialiste, expression politique du prolétariat, luttant pour son émancipation totale, entrera en restant pleinement lui-même, avec sa doctrine, avec ses principes définis par les Congrès nationaux et internationaux et par le pacte d'unité qui a présidé à sa constitution même.

Il saura remplir ainsi vis-à-vis des travailleurs le devoir que la crise actuelle lui impose, sans manquer à son devoir suprême, devoir d'hier et de toujours, qui est de protéger et de transmettre intact le dépôt qu'il a reçu de ses fondateurs et de ses maîtres, de ne laisser porter aucune atteinte à l'autonomie de son organisation, de maintenir l'intégrité de sa doctrine, garantie des victoires futures et définitives du prolétariat.

S'il admet des dérogations temporaires à sa tactique traditionnelle, c'est donc avec la ferme volonté et la pleine confiance qu'elles ne puissent, chez aucun de ses militants, provoquer ou couvrir un affaiblissement de la conscience de classe, ni faire perdre de vue à aucun d'eux l'objet permanent et essentiel de l'action socialiste qui est, à travers et par-dessus les batailles politiques du moment, de grouper et d'organiser les travailleurs pour leur libération finale.

♣

De ces deux ordres de considérations découlent naturellement les décisions positives que le Congrès est conduit à accepter et les instructions qu'il donne aux Fédérations départementales.

Le Parti autorise les Fédérations à concerter leur effort contre le Bloc National avec les représentants d'autres partis politiques. La conclusion de ces accords devant, en tout état de cause, être soumise au contrôle exprès de la C. A. P.

Les coalitions ne pourront être conclues que dans les départements et sections électorales où elles répondront à une nécessité claire et tangible pour les électeurs, c'est-à-dire où il existe des chances sérieuses d'arracher au Bloc National le bénéfice des primes instituées par la loi électorale actuelle. Les candidats du Parti devront rappeler, dans la circulaire adressée par eux aux électeurs, le but et le mode d'action du Parti socialiste, tels qu'ils sont définis par l'article 1 des statuts du Parti.

Les Fédérations devront afficher et publier l'affiche manifeste qui sera rédigée par le Parti.

♣

C'est sur le programme du Parti, et sur nul autre, que les Fédérations devront présenter leurs candidats aux électeurs.

Le Congrès décide que ce programme sera celui qui avait été élaboré pour les élections de 1919, avant que la scission de Tours eût déchiré son unité, et sur lequel tous ses candidats avaient alors mené solidairement campagne.

Il n'a rien à en retrancher, rien à en renier. Ce programme comporte seulement un travail de mise au point, pour lequel mandat est donné à la C. A. P. et au groupe parlementaire, qui devront s'inspirer particulièrement, en ce qui concerne l'action de réalisation prochaine, du plan dressé par le Congrès national de novembre 1921.

Le Parti rappelle enfin aux Fédérations que la justification unique des coalitions réside dans la nécessité d'assurer la protection des travailleurs contre les dangers de tout ordre que suspendrait sur eux une nouvelle victoire du bloc de réaction, et par suite, de provoquer dans la politique française un changement décisif et durable.

♣

Les Fédérations devront donc vérifier scrupuleusement les garanties que leur offrent à cet égard les hommes avec qui elles contracteront. Les candidats du Parti ne peuvent figurer sur une liste commune qu'avec des candidats exempts de toute compromission avec le Bloc National qui, par leur conduite passée comme par leur attitude présente, se montrent résolus à s'opposer, dans le domaine international, à toute politique de méfiance, de contrainte et de violence, à préserver les libertés civiques, le droit syndical, les libertés ouvrières, à défendre enfin contre toutes les entreprises du capitalisme, du cléricalisme et de l'impérialisme, les intérêts solidaires de la République et de la paix.

Le Parti fait pleinement confiance aux Fédérations pour observer cette règle. Elles ne pourraient l'enfreindre sans manquer à l'objet même de la coalition. Elles se placeraient alors, vis-à-vis du corps électoral, dans une position non moins équivoque que le Bloc National lui-même. Elles contribueraient à recruter pour la prochaine législature les majorités de confusion et de trouble qui sont le suprême espoir de la réaction.

♣

Parmi les Partis dont les Fédérations sont autorisées à accepter le concours, figurent tout naturellement, en première ligne, ceux qui sont organisés en partis prolétariens de classe et dont les programmes concordent avec le sien sur les problèmes fondamentaux de l'organisation internationale et de la propriété.

Elles n'hésiteront pas à faire appel aux organisations communistes partout où le concours des travailleurs groupés autour d'elles peut contribuer à abattre le bloc de la réaction. Mais le Parti ne saurait s'arrêter un instant à l'offre d'alliance générale et exclusive qui lui a été signifiée par le parti communiste dans des formes et sous des conditions volontairement calculées pour provoquer son refus. Il dénonce à la classe ouvrière l'insolente injonction qui l'obligerait à travailler, sous couleur d'unité syndicale à la destruction de la C. G. T. et de l'Internationale Syndicale d'Amsterdam. Le Parti n'entend pas payer une victoire politique de la classe ouvrière par la ruine de ses organisations économiques. Il persiste toutefois à rappeler que, dans de nombreux départements, la coalition exclusive des partis ouvriers aurait eu pour résultat unique de réserver au Bloc National le monopole des primes de la loi de 1919 et il place le parti communiste, vis-à-vis de la responsabilité qu'en s'obstinant dans son attitude il assumerait, vis-à-vis du prolétariat national et international. Telles sont les directions que le Parti trace à ses Fédérations.

⁂

Seuls ses adversaires de mauvaise foi pourront en travestir le caractère et la portée. Tout en prenant les mesures que lui imposent les circonstances pour abattre le Bloc National, le Parti maintient dans leur intégrité les principes fondamentaux qui règlent traditionnellement son action. Il a lui-même demandé à l'Internationale de placer à l'ordre du jour de ses prochaines délibérations, le problème de l'exercice du pouvoir par les Partis socialistes en régime capitaliste, mais, en ce qui concerne la collaboration ministérielle ou l'alliance parlementaire avec d'autres partis, il continue de conformer son action aux principes fixés par les Congrès nationaux et internationaux et qui demeurent sa règle et sa loi. L'expérience du passé montre d'ailleurs avec évidence que son appui n'en sera pas moins sûrement acquis à toute œuvre de réforme novatrice et de démocratie sincère entreprise par d'autres partis.

C'est d'eux qu'il dépendra de s'acquérir encore un soutien qu'il ne leur a jamais marchandé et il continuera d'agir en sorte qu'aucun autre parti ne puisse trouver ou chercher dans l'action politique et parlementaire du socialisme la justification de ses propres faiblesses et de ses propres hésitations.

Le Congrès est convaincu que, tous ses militants s'inspirant de ces principes, les élections prochaines permettront au Parti de continuer avec des forces amplement accrues son œuvre de propagande et de recrutement socialiste et qu'elles marqueront une étape décisive du prolétariat français vers sa victoire complète et son affranchissement final.

Les Organismes centraux.

Les organismes centraux sont ainsi constitués :

Commission administrative permanente.

MEMBRES TITULAIRES : Vincent Auriol, Bracke, Caille, Compère-Morel, Paul Faure, Gaillard, Goude, Grandvallet, Grumbach, Hubert Rouger, Lebas, Gaston Lévy, Le Troquer, Jean Longuet, Mauranges, Maurin, Mistral, Osmin, Poisson, Pressemane, Renaudel, Sévérac, Varenne, Zyromski.

Suppléants : Binet, Louise Saumoneau, Mayéras, Dannely, Frot, Vendrin, Barrion, Ramadier, Evrard, Roland, Prété, Uhry, Morin, Delépine, Drouot.

Commission de contrôle.

Nantillet, Inghels, Masson, Suzanne Gibault, Navier, Philippe Loyau, Denoyelle.

Direction du Populaire.

Directeurs : Léon Blum, Jean Longuet.
Rédacteur en chef : Paul Faure.
Administrateur : Compère-Morel.

Conseil d'administration du Populaire.

Léon Blum, Jean Longuet, Paul Faure, Compère-Morel, Mauss, Courmont, Gaston Lévy, Gaillard, Fiancette, Bracke, Maurin, Hubert Rouger, Renaudel, Hug, Mauranges, Farinet, Corgeron, Gérard, Le Troquer, Masson, Evrard.

Délégation au Bureau de l'Internationale.

Bracke, Jean Longuet.

II

Constitution de la C. A. P.

Dans sa séance du 13 février 1924, la Commission administrative permanente nommée par le Congrès de Marseille se constitua comme suit :

Secrétaire général : Paul Faure.
Secrétaire adjoint : Hubert Rouger.
Trésorier : Grandvallet.
Commission internationale : Paul Faure, *secrétaire*; Auriol, Bracke, Grumbach, Longuet, Renaudel, Sévérac, Varenne, *titulaires*; Barrion, Delépine, Evrard, Frot, Mayéras, *suppléants*.

Commission de Propagande : Hubert-Rouger, *secrétaire*; Compère-Morel, Goude, Lebas, Le Troquer, Maurin, Osmin, Zyromski, *titulaires;* Roland, Louise Saumoneau, Uhry, Prété, Drouot, *suppléants.*

Commission des Finances : Gaston Lévy, *secrétaire*; Caille, Gaillrad, Grandvallet, Mauranges, Mistral, Poisson, Pressemane, *titulaires*; Binet, Dannély, Morin, Ramadier, Vendrin, *suppléants.*

Commission des Conflits : Mauranges, *secrétaire*; Grandvallet, Le Troquer, *titulaires;* Barrion, Delépine, Morin, Saumonaeu, *suppléants.*

Commission des Archives : Sévérac, *secrétaire*; Maurin, Mayéras, Poisson, *titulaires*; Binet, Dannély, *suppléants.*

<h1 style="text-align:center">III</h1>

<h2 style="text-align:center">Les Elections du 11 Mai 1924</h2>

Les Listes du Parti.

Nos Fédérations sont entrées dans la bataille avec des listes exclusivement composées de membres du Parti dans les circonscriptions suivantes :

Algérie, Aube, Aude;
Bas-Rhin;
Côtes-du-Nord, Creuse;
Finistère;
Haute-Garonne, Haut-Rhin, Haute-Vienne;
Ille-et-Vilaine;
Loire-Inférieure (1re et 2e circonscription);
Maine-et-Loire (2e circonscription), Marne;
Nord;
Pas-de-Calais (1re et 2e circonscription);
Saône-et-Loire.

Les Listes de cartel.

Les Fédérations désirant user de la dérogation prévue par le Congrès de Marseille demandèrent son assentiment à la C. A. P., qui, du 13 février au 30 avril, y consacra la presque totalité de ses délibérations. Voici leur liste :

Ain, Aisne, Allier, Ardèche, Ardennes, Ariège, Aveyron ;
Basses-Alpes, Basses-Pyrénées, Bouches-du-Rhône (1re et 2e circonscription) ;
Calvados, Cantal, Charente, Charente-Inférieure, Cher, Corrèze ;
Deux-Sèvres, Doubs, Drôme ;
Eure ;
Finistère (demande retirée ultérieurement) ;
Gard, Gers, Gironde ;
Haute-Saône, Haute-Savoie, Hautes-Alpes, Hérault ;
Indre, Indre-et-Loire, Isère.
Loir-et-Cher, Loire, Loiret, Lot, Lozère ;
Maine-et-Loire (1re circonscription), Morbihan ;
Nièvre ;
Oise ;
Puy-de-Dôme, Pyrénées-Orientales ;
Rhône ;
Sarthe, Seine (1re, 2e, 3e et 4e circonscriptions), Seine-et-Marne, Seine-et-Oise, Seine-Inférieure, Somme ;
Tarn, Tarn-et-Garonne ;
Var, Vaucluse, Vienne, Vosges.

Les Fédérations de ces circonscriptions (sauf de celles du Calvados et de la 3e circonscription de la Seine, où les listes, dites d' « unité socialiste et ouvrière », étaient exclusivement composées de membres du Parti et de membres de l'Union socialiste communiste) demandaient l'autorisation d'aller à la bataille avec des listes « de cartel des gauches » (socialistes, socialistes indépendants, radicaux et radicaux socialistes, etc.).

Les demandes émanant des fédérations de l'Ain, de l'Ariège, de l'Indre, du Tarn-et-Garonne furent rejetées.

L'investiture fut refusée aux candidats du Parti dans l'Eure et les Vosges.

Les autres demandent reçurent l'assentiment de la C. A. P. :

à la majorité pour les fédérations de l'Aveyron (12 voix contre 3, et 3 abstentions) ; des Bouches-du-Rhône, 2e (16 voix contre 2, et 1 abstention) ; du Cher (16 voix contre 2), de la Corrèze (9 contre 2) ; de la Gironde (unanimité moins 1 voix et 1 abstention) ; de l'Oise (8 contre 5) ; du

Puy-de-Dôme (11 contre 1); de la Seine-et-Marne (10 contre 5, et 4 abstentions); de la Seine-et-Oise (14 contre 4, et 3 abstentions; de la Seine-Inférieure (7 contre 6; du Tarn (13 contre 3, et 4 abstentions);
à l'unanimité pour toutes les autres.

Les Candidatures.

Au total, nos candidats sont allés seuls à la bataille dans 19 circonscriptions, et unis à d'autres candidats dans 52.

Les premiers étaient au nombre de 132; les seconds, de 116. En tout, 248.

Notre Parti n'avait aucun candidat dans 29 départements de la métropole et 5 circonscriptions coloniales, où des difficultés locales n'ont pas permis à nos camarades d'engager la lutte dans les conditions prévues par nos règlements et nos statuts.

La Campagne.

La campagne électorale fut dure. Nos candidats furent, en effet, presque partout contraints de livrer bataille sur deux fronts : d'un côté, contre le Bloc national; de l'autre, contre les communistes. Dans certaines régions, l'acharnement de ces derniers contre nos candidats fut extrême : violences, obstructions, pires calomnies. Dans un certain nombre de circonscriptions, le Bloc national, profitant des dispositions de la loi électorale en vigueur, tenta contre nos candidats la dangereuse manœuvre des listes panachées.

Nos candidats furent aidés dans leur campagne par les affiches, les papillons et les tracts que le Parti put mettre à leur disposition à des prix inférieurs aux prix de revient. En voici le détail :

Affiches :

Appel aux travailleurs	32.000	exemplaires.
Bilan de ruine	50.000	—
Le Bloc national (illustrée).	32.000	—
Contre la guerre	30.000	—
Papillons	200.000	—

Tracts :

<table>
<tr><td>Le Programme du Parti..
Défendons les huit heures.
Le Bloc national a ruiné
la France ....
Le Parti socialiste et la
Ruhr ....
Le Parti et l'enseignement.
Socialistes et communistes.
Le Parti socialiste et la
vie chère ....
D'où vient l'argent du
Bloc national ? .,......
Aux Travailleurs de la
terre ....
Le Scandale des Régions
libérées ....
Le Parti et la Défense
nationale ....
Aux fonctionnaires ......</td><td>6.850.000 exemplaires.</td></tr>
</table>

Le Parti envoya aux Fédérations 30.000 numéros du *Socialiste*.

(Les deux Fédérations de langue allemande, qui n'auraient pu utiliser ces publications, ont reçu ensemble 6.176 francs de subsides.)

Voici les textes de l'affiche « Appel aux travailleurs » et du tract « Programme du Parti ».

Appel aux Travailleurs.

La campagne électorale est ouverte. Dans quelques jours, on saura si le peuple de ce pays veut plus longtemps tolérer au pouvoir *le Bloc National,* coalition de réacteurs et d'affairistes *qui, en novembre 1919 surprit la bonne foi du suffrage universel.*

Le Parti socialiste entre dans ce combat avec le plein de ses forces, fier d'avoir, depuis quatre ans comme toujours, accompli tout son devoir, fier d'être demeuré irréductiblement fidèle à sa doctrine et à ses principes.

Il rappelle aux Travailleurs le bilan d'une politique qu'il n'a pas cessé de combattre.

A l'Intérieur :

*Le désastre économique et financier, politique et diploma-
tique,* s'étend tous les jours, sur les ruines mêmes de la guerre.
Voyez à quoi nous ont menés les refus du Bloc National et de
son gouvernement de faire appel aux sacrifices financiers des
grands profiteurs de la richesse créée par le Travail, et de
cesser la politique d'occupations militaires ;

Le déficit installé en permanence dans nos budgets, nié
d'abord, puis brusquement avoué par l'affolement même du
dépôt de plusieurs milliards d'impôts nouveaux, par les mesures pour dépouiller l'Etat de la gestion de ses services
publics et de ses monopoles productifs ; par l'institution du
régime dictatorial des décrets-lois ;

Le franc abaissé, tombant d'une chute presque ininterrompue
depuis deux ans, au niveau des monnaies totalement dépréciées ;

Les valeurs d'Etat tombées, elles aussi, et créant par là
même l'anxiété chez tous ces petits possesseurs d'épargne qui
comptaient sur elles autrefois pour assurer l'aisance des vieux
jours ;

*La misère grandissante pour tous ces retraités, pensionnés,
fonctionnaires,* dont les revenus fixes ou les traitements ne
peuvent s'adapter à la vie chère toujours croissante, comme à la
dépréciation du change ;

L'impôt sur le chiffre d'affaires, rendu plus vexatoire et
plus inquisitorial sans qu'il atteigne vraiment les sources de
la richesse ou les réalités du grand capitalisme ;

La fraude fiscale, installée jusqu'au fauteuil vice-présidentiel
de la Chambre ;

Le scandale des gros mercantis des régions libérées éclatant
enfin au grand jour, après avoir été vainement dénoncé pendant des mois par les socialistes, et prouvant l'abus indécent et
cynique fait de la générosité de la France et du sang de ses fils ;

Les libertés ouvrières et syndicales les plus sacrées violentées
jusque dans l'existence de la Confédération Générale du Travail, judiciairement menacée ;

Les droits des fonctionnaires à la liberté d'opinion piétinés ;

La loi de huit heures combattue jusque devant le Bureau
International du Travail (institué pourtant par le traité de
Versailles pour faire participer les travailleurs au fondement
de la paix), bafouée par la conjonction audacieuse du capitalisme allemand et du capitalisme français lui-même.

Les assurances sociales rejetées à une date indéterminée,
et, trahis les engagements solennels dont les pensionnés étaient,
à quelques jours près, assurés de l'exécution ;

Le retour offensif d'un cléricalisme déjà assez fort pour
reprendre contre la nation sa mainmise extérieure interna-

tionale et pour vouloir détruire, à l'intérieur, les conquêtes de laïcité et de vraie liberté de conscience à l'école ;

Une loi militaire dont le poids reste écrasant par sa durée et par ses charges pécuniaires ;

L'insolence d'une réaction royaliste d'impuissance politique risible, mais qui se croyait permis d'aller jusqu'à bâtonner ou molester les citoyens, dans le pays de la grande Révolution, à la mode du fascisme.

A l'Extérieur :

La France perdant peu à peu son rayonnement de démocratie pacifique et d'idéalisme humain ;

Accusée au dehors de vouloir maintenir, malgré l'enseignement de la plus terrible des guerres, les méthodes de la force pour le règlement des difficultés internationales ;

La France, conduite en effet à l'occupation militaire de la Ruhr, sous le prétexte devenu visiblement mensonger et inefficace, de gages productifs et de réalisation des réparations, mais tarissant avec certitude les sources de ses réparations légitimes.

C'est le sort fait à notre pays par les gouvernants du Bloc National.

Devancés dans la reconnaissance de la République russe, ils ont retardé l'heure où la Société des Nations pourrait, avec un accroissement de son autorité morale, par une démocratisation de ses organes, et par l'universalité de ses membres composants, inaugurer l'ère de la paix stable et durable.

Tel est le bilan.

C'est un lourd héritage que le Bloc National va léguer, à l'heure où la France le chassera comme le serviteur infidèle qui a dissipé le dépôt sacré.

Le Parti Socialiste a vu repousser, pendant ces quatre années de législature, les propositions positives qu'il a formulées pour résoudre des situations où l'on avait engagé le salut même du pays.

C'est une satisfaction trop maigre pour lui de voir que quelques-unes d'entre elles, écartées quand il les proposait, sont maintenant reprises mais trop tard, et quand une aggravation nouvelle les rend déjà inopérantes.

Il acquiert chaque jour plus fortement le sentiment que lui seul, par l'idéal qui l'inspire, par les méthodes qu'il propose, par la volonté qui l'anime, est capable de sauver le patrimoine moral et matériel du pays, comme de rendre à la France de la démocratie sa véritable figure dans le monde.

Aussi, est-il prêt à prendre le pouvoir total si le peuple, si les travailleurs de France se déclarent eux-mêmes prêts à le lui confier.

Il ne reculera pas devant cette responsabilité.

Il la demande et s'affirme majeur pour prendre en mains les destinées du pays.

Que les électeurs le jugent sur son attitude passée, si conforme aux intérêts les plus sûrs, tant moraux que matériels, de la France du Travail; sur son programme répandu par millions de tracts, défendu par ses candidats, ses militants et ses journaux; sur sa doctrine économique, politique et sociale qui, seule, peut ouvrir à la Civilisation les portes de l'avenir après avoir résolu les tragiques problèmes du présent.

Que d'un bout à l'autre du pays, les travailleurs le soutiennent, s'organisent autour de lui, assurent sa victoire.

En avant pour cette bataille décisive!

Vive le Socialisme international!

Vivent la République et la Paix!

Le Programme du Parti.

I

Citoyens,

Vous êtes appelés à élire vos représentants à la Chambre des députés. Qu'allez-vous faire ?

Aux élections de 1919, nous vous disions : « Vous venez de faire la douloureuse expérience de la guerre », et nous vous montrions que la guerre avait prouvé la clairvoyance et l'efficacité des *solutions inspirées du socialisme.*

Aujourd'hui nous vous disons : « Vous venez de faire l'expérience d'une *mauvaise paix,* et c'est encore aux *solutions inspirées du socialisme* qu'il faut recourir. »

Mauvaise paix, puisqu'elle demeure incertaine et toujours menacée, dans une Europe armée et haineuse, dans un monde où règne un tel désordre qu'on y voit de scandaleuses fortunes s'échafauder sur la misère des classes travailleuses, des pays dans la disette à côté d'autres pays qui, ne sachant où écouler leurs marchandises, voient leur prolétariat contraint au chômage.

Mauvaise paix, puisque — à l'intérieur de ce pays — le gouvernement, animé de l'unique volonté de consolider les privi-

lèges des possédants, a fait une politique tellement réactionnaire qu'elle a paru justifier les espérances des partis qui
rêvent de fascisme et de retour aux régimes politiques déchus.
Politique de provocation à l'égard de la classe ouvrière, dont
on remet en question les plus précieuses réformes; politique
de méfiance et de brimade à l'égard des salariés de l'Etat; politique de menace pour les conquêtes de la démocratie; politique
de vie chère et d'incertitude matérielle pour la grande masse
de la population; politique, enfin, qui a été impuissante à
assurer même ce minimum d'ordre et de justice que le régime
capitaliste — malgré les tares qui le condamnent dans son
principe même — peut cependant comporter.

Un monde troublé et qui, sortant de la guerre, peut justement craindre d'en voir reparaître les calamités; une France
ruinée et qui semble prête à renoncer aux droits que le peuple
a achetés de sa peine et de son sang, tel est, citoyens, *le triste
bilan de la politique suivie depuis* 1919 *par le Bloc National,*
sur laquelle vous avez maintenant à vous prononcer souve-
rainement, et que vous condamnerez sans appel, si vous voulez
que s'établisse dans le monde et en France, sur les ruines que
le Bloc National a accumulées, la paix fondée sur la coopération des peulpes et l'ordre fondé sur le respect de la justice.

Mais il n'y a pas d'autre moyen d'abattre le Bloc National et
de travailler efficacement à en réparer les crimes, que de vous
prononcer pour le seul parti qui, mettant par-dessus tout le
souci de la paix et les intérêts des travailleurs, n'a jamais
cessé de combattre la majorité gouvernementa'e actuelle et ne
s'est jamais compromis avec elle : *le Parti socialiste.*

Citoyens,

Le Parti socialiste, aujourd'hui comme en 1919, se présente
à vous non pas avec des promesses — il n'en fit jamais —
mais avec son programme, tout son programme de *transformation totale du régime* et de *revendications immédiates.*

Comme en 1919, il vous déclare que la solution complète et
définitie des difficultés qui viennent de l'essence même du capitalisme ne sera trouvée que le jour où les travailleurs, maîtres
du pouvoir, — et sans reculer devant des mesures dictatoriales
que les circonstances peuvent rendre nécessaires — mettront
fin à la toute-puissance du capital, aux luttes entre classes et
aux rivalités entre nations, en instituant un régime qui assurera
à tous leur droit aux richesses sociales et qui, par là même,
rendra enfin possibles la *fraternité entre les hommes* et *l'amitié
entre les nations.*

Mais le Parti socialiste vous dit en même temps que les problèmes auxquels la politique du Bloc National a donné tant d'acuité et qui doivent être tranchés sans délai, ne peuvent être résolus qu'en faisant triompher les revendications immédiates qu'il a inscrites à son programme.

II

Dans le domaine de la *politique extérieure* et des rapports de la France avec les autres nations, le Parti socialiste se prononcera, en toutes circonstances, pour les *solutions de droit.*

Contre les *solutions de force.*

Pour les accords internationaux, seuls capables d'assurer les réparations légitimes dues par l'Allemagne et proclamées par sa classe ouvrière.

Contre l'occupation de la Ruhr qui, sans apporter le moindre soulagement au contribuable français et en augmentant au contraire ses charges, a diminué, ainsi que le Comité des experts vient de l'établir, les capacités de payement de l'Allemagne ;

Pour une politique d'*amitié avec les autres nations ;*

Contre la politique du Bloc National qui tend à *isoler la France* dans le monde et à lui donner figure de nation vindicative, impériale et haineuse ;

Pour une politique de collaboration entre les peuples au sein d'une *véritable Société des Nations,* ouverte à tous, dotée de pouvoirs étendus et devenue un organisme puissant de paix et de justice ;

Contre une politique de combinaisons diplomatiques et d'alliances dressées les unes contre les autres et qui *conduit fatalement aux conflits et à la guerre ;*

Pour des mesures militaires et navales qui — en attendant le désarmement général et simultané de tous les pays — *réduiront à huit mois la durée du temps de service sous les drapeaux,* permettant ainsi l'allègement sensible du budget de la guerre et rendant 200.000 travailleurs à la production agricole et industrielle.

Contre tous programmes tendant à maintenir une longue durée du service militaire et à *séparer l'armée d'avec la nation.*

III

Dans le domaine de la *politique intérieure* et des *réformes sociales,* le programme du Parti socialiste s'inspire à la fois du souci de hâter la réalisation du socialisme et de la volonté de consolider et d'élargir les conquêtes de la démocratie.

Il faut *équilibrer le budget.* Le Bloc National qui avait dit : « L'Allemagne payera », a été incapable, même à coups de milliards d'impôts nouveaux, de sortir du déficit. Comme en 1919, le Parti socialiste veut prendre les ressources nécessaires :

Dans la revision sévère des marchés et des profits de guerre, fût-ce au moyen de juridictions spéciales, et le retour à l'Etat des profits abusifs ;

Dans la conscription des fortunes, aussi légitime assurément que la conscription des hommes ; et dans un prélèvement sur le capital avec large dégrèvement à la base ;

Dans une taxe sur l'enrichissement ;

Dans la perception stricte de l'impôt sur le revenu et des taxes d'enregistrement, avec progression fortement accentuée ;

Dans une entente internationale permettant d'éviter ou de réprimer la fraude, l'évasion ou la désertion des capitaux ;

Dans l'établissement de monopoles fiscaux, portant de préférence sur les objets de luxe ou de consommation inutile, et même dangereuse comme l'alcool ;

Dans la participation financière de l'Etat à tous les commerces et industries suffisamment concentrés ;

Dans la reprise de l'exploitation, au compte de la nation, des chemins de fer et de tous les grands moyens de transports maritimes, fluviaux et terrestres, des mines (houille, potasse, fer et autres minerais), des grandes usines métallurgiques, des forces hydrauliques, des carburants, des raffineries et de l'alcool, des banques et des compagnies d'assurances, — cette exploitation étant organisée avec la collaboration des consommateurs, des ouvriers et des techniciens sous le régime de la nationalisation industrialisée.

Ainsi donc, tandis que sous l'action de l'organisation capitaliste, l'*Union des Intérêts économiques,* le gouvernement a fait voter par la majorité de la Chambre la suppression du monopole des allumettes qui rapporte chaque année plus de 70 millions à l'Etat, le Parti socialiste réclame *la reprise de tous les services publics, de toutes les richesses nationales* qui ont été livrées par l'Etat bourgeois à la cupidité de Compagnies et de Sociétés capitalistes.

Nous voulons que la Nation, qui fut dépouillée, rentre en

possession de ses biens et qu'elle mette la main sur les grands monopoles de fait en vue de les faire fonctionner, non plus au profit d'une infime minorité de possédants, mais au bénéfice de l'ensemble des consommateurs, des citoyens.

Les part's de réaction prodiguèrent les promesses aux travailleurs des villes et des campagnes pour avoir leurs bulletins de vote en 1919. Aujourd'hui les travailleurs savent ce que vaut cette fausse monnaie. Ils n'ont même pas obtenu *l'amnistie pleine et entière* qu'ils étaient en droit d'attendre et que le Parti soc'aliste ne cessera pas de réclamer.

Nous voulons aussi que *ceux qui participent activement à la création des richesses soient protégés, eux et leur fam'lle, contre les risques qui les menacent.* Dans ce but nous réclamons :

L'institution de l'assurance sociale comprenant la maladie, l'invalidité, la vieillesse, le décès, la maternité, le chômage ;

La généralisation de la journée de travail de 8 heures, ou de la semaine anglaise de 48 heures au maximum ;

La garantie d'un minimum de salaires fondé sur le coût réel de la vie ;

Le règlement de l'immigration, de la main-d'œuvre étrangère, avec égalité de salaire pour égalité de travail ;

La reconnaissance, sans aucune réserve, du droit syndical ;

L'ajustement automat'que des traitements et salaires des employés de l'Etat à l'indice de cherté de vie ;

La revision générale de la loi sur les accidents du travail pour la rendre plus protectrice des travailleurs, plus juste à leur égard, plus sévère pour les fautes et négligences patronales ;

La réintégration des cheminots révoqués ;

L'application intégrale des conventions adoptées par les Conférences internationales du travail.

En ce qui concerne plus spécialement les *travailleurs agricoles :*

L'extension des lois qui protègent ou protégeront les ouvriers de l'industrie : accidents, salaires, durée moyenne du travail, hygiène, couchage, nourriture ;

La tarification des fermages et l'allocation d'indemnité de plus-value l'expiration des baux ;

L'organisation coopérative des petits propriétaires, fermiers et métayers, pour la production, la vente des produits, l'achat des semences, machines et engrais ; l'assurance contre la grêle et la mortalité du bétail.

En ce qui concerne tous *les invalides du travail, quels qu'ils soient,* mutilés de la guerre, pensionnés militaires ou civils, titulaires de retraites ouvrières et paysannes, victimes d'accidents du travail, tous exposés, pour des causes diverses, aux mêmes misères, le relèvement des pensions insuffisantes que leur alloue aujourd'hui une société ingrate.

Pour la *mère* et pour l'*enfant* :

> Nous réclamons leur protection rigoureuse, le contrôle médical de tous les enfants, la création de sanatoria scolaires, d'écoles et de colonies de plein air.

L'organisation de l'*enseignement* doit être complètement modifiée. L'intérêt de la nation exige la mise en valeur de la richesse la plus précieuse, l'intelligence des enfants, sans tenir aucun compte de la classe sociale à laquelle ils appartiennent. Il faut, comme disait Jules Guesde, « supprimer la barrière d'argent » qui interdit l'accès des enseignements secondaire et supérieur aux enfants des ouvriers.

Aussi le Parti socialiste demande-t-il :

> La fusion de tous les enseignements, intellectuel et physique, classique, technique et agricole en un service viciée à son origine et menacée dans son développement unique d'éducation nationale, gratuit et obligatoire à tous les degrés, permettant, par suite de sélections et de spécialisations, d'utiliser au mieux des intérêts sociaux la variété des aptitudes individuelles.

La preuve décisive de l'incapacité des partis de réaction de comprendre les besoins les plus pressants des classes ouvrière et moyenne, nous a été donnée, sans contredit, par leur refus de voter les crédits indispensables à résoudre le *problème capital de l'habitation.*

Ils n'ont pas compris qu'il n'y a rien de plus urgent pour le bien-être de la famille, pour la main-d'œuvre nécessaire à la production, pour lutter efficacement contre la hausse des prix des loyers que la construction en grand d'habitations.

Puisque l'initiative privée a fait faillite, les pouvoirs publics doivent pouvoir intervenir. Or, jusqu'à maintenant, le concours de l'Etat a été tout à fait insuffisant pour ne pas dire ridicule, en ne votant que 34 millions par an pour encourager la construction d'habitations.

La solution du problème de l'habitation ne se trouve que dans les mesures suivantes que propose le Parti socialiste :

> Expropriation générale des immeubles malsains ;
> Création par les communes, avec le concours de l'Etat, du service public de l'habitation ;

Affectation immédiate de sommes importantes à la construction de logements salubres.

En attendant l'application de ces mesures :

Interdiction d'expulser les locataires de bonne foi ;
Limitation rigoureuse de la hausse des prix des loyers de 1914.

Tel est, citoyens le programme du Parti socialiste. En votant pour les candidats qui se réclament de lui, non seulement vous choisirez le plus sûr moyen d'abattre le Bloc National et d'en finir avec une politique gouvernementale de réaction et de ruine, mais encore ;

Vous hâterez l'heure du régime socialiste d'émancipation totale des travailleurs ;

Vous mettrez un peu plus de justice entre les hommes ;

Vous travaillerez enfin à la paix du monde.

Les Résultats.

Les résultats des élections du 11 mai donnèrent raison aux plus optimistes. Le Bloc des gauches sortait vaincu de la bataille, et notre Parti enregistrait un éclatant succès.

A l'exception de la région parisienne, où nous n'avons pas obtenu les résultats que nous pouvions escompter et où s'étaient fait cruellement sentir les suites d'une scission malfaisante, le monde du travail avait partout répondu à notre appel.

Notre représentation parlementaire était doublée.

Dès le 13 mai, notre *Populaire* pouvait donner les noms de 99 élus du Parti. La proclamation tardive de deux résultats fit passer ce chiffre à 101. Bientôt l'adhésion au Parti d'une fraction de l'Union Socialiste Communiste, celle de la Fédération autonome du Jura et l'adhésion individuelle d'un socialiste indépendant allaient porter à 105 l'effectif du groupe socialiste à la Chambre, et, en y joignant les 5 camarades que nous avions au Sénat, à 110 unités le chiffre global de notre représentation parlementaire.

Sur les 101 élus du 11 mai, 40 appartenaient à des listes exclusivement composées de membres du Parti ; 61, à des listes de cartel.

Les premiers avaient recueilli 687.668 voix.

Les listes contenant les seconds en avaient recueilli 2.107.545. L'établissement d'une proportion approximative permet d'affirmer que les socialistes ont amené aux listes de cartel dont ils faisaient partie environ la moitié des voix recueillies par elle, soit un peu plus d'un million. En y ajoutant les 687.668 voix des listes entièrement socialistes, on peut donc équitablement évaluer à 1.700.000 les suffrages socialistes des élections du 11 mai. Ce chiffre est justement celui des voix socialistes de 1919, malgré les voix communistes qui sont d'environ 850.000.

Dans 18 circonscriptions, les socialistes et les communistes étaient en présence avec des listes complètes. Or, sauf dans l'Aube, c'est partout la liste socialiste qui l'a emporté et notamment dans les circonsciptions ouvrières : Allier, Finistère, Loire-Inférieure (1re), Marne, Nord, Pas-de-Calais, Saône-et-Loire, Bas- et Haut-Rhin, Haute-Vienne.

Ces faits et ces chiffres établissent sans conteste que la très grande majorité des forces ouvrières du pays avait suivi le Parti socialiste.

IV

Le Congrès extraordinaire

(Paris, 1er et 2 Juin 1924)

Ordre du Jour.

La défaite du Bloc national allait poser au Parti socialiste le grave problème de son attitude à l'égard du gouvernement de gauche qui ne pouvait manquer d'être constitué dès la reprise des travaux parlementaires.

Le Parti avait également à se prononcer sur son quotidien, le *Populaire*, qu'il n'avait pu maintenir jusque-là qu'au prix de lourds sacrifices ; à voter le budget des six derniers mois de l'année ; enfin à apporter à la composition de la C. A. P. les modifications résultant de l'élection d'un certain nombre de ses membres à la Chambre.

L'ordre du jour prévoyait :

1° La situation politique et le Parti ;

2° Modification à la composition de la C. A. P.;
3° Le Budget du Parti;
4° Le journal du Parti.

Contre M. Millerand.

Le premier acte du Congrès a été de se prononcer pour le départ de M. Millerand de la présidence de la République.

Par acclamations fut votée la résolution suivante, présentée par Renaudel :

Le Parti socialiste enregistre comme un premier résultat logique de la défaite du Bloc National la retraite du ministère Poincaré.

Il constate que le président de la République se refuse, en ce qui le concerne, à comprendre l'indication formelle de la nation.

Le Congrès rappelle que le président de la République est, à plusieurs reprises, sorti de l'impartiale neutralité de sa fonction, soit en déterminant une crise ministérielle à une heure particulièrement grave où le Gouvernement et le Parlement devaient être laissés maîtres de leur action, soit en se jetant ostensiblement dans la bataille des partis, par des discours ou par des messages de presse qu'il n'a pas démentis comme interprétant faussement ses paroles.

Devant la première menace que constitue pour l'action de la majorité républicaine le nouveau message officieux paru dans le *Matin* du 31 mai,

Constatant que toute action politique gouvernementale serait viciée à son origine et menacée dans son développement par un choix ou des intrigues dépendant de l'actuel président de la République;

Convaincu de répondre au vœu exprimé le 11 mai, le Parti socialiste décide :

1° Le Groupe parlementaire reçoit mandat de combattre tout Gouvernement qui accepterait de se constituer et d'agir sous l'égide de M. Millerand;

2° Au cas où M. Millerand, poussant plus loin l'obstination, trouverait un complice parlementaire en dehors de la majorité du 11 mai, pour assumer la responsabilité de violenter ou de détourner les décisions du suffrage universel, la Commission administrative permanente et le Groupe parlementaire sont mandatés pour engager immédiatement avec le concours de toutes les Fédérations du Parti, une campagne d'agitation destinée à faire respecter la volonté du pays.

La Politique de soutien.

Le souci du Congrès était de retirer le maximum de profits du succès remporté et par le Parti socialiste et par les partis démocratiques.

Il écarta d'abord la participation ministérielle, par le vote unanime de la motion suivante :

Le Congrès décide d'écarter, dans les circonstances actuelles, la participation au gouvernement.

Les statuts du Parti assurent suffisamment les moyens de poser à nouveau la même question devant ses assemblées, si des circonstances exceptionnelle se présentaient, qui rendissent cette consultation nécessaire.

En cas d'urgence, la C. A. P. est autorisée à convoquer, soit sur sa propre initiative, soit sur la demande du Groupe parlementaire, un Conseil national auquel les pouvoirs du Congrès sont délégués.

En même temps, Léon Blum recevait de M. Herriot, président du parti radical et futur chef du gouvernement, la lettre-programme dont voici le texte :

Paris, le 2 juin 1924.

Mon cher Blum,

Pour répondre au sentiment de confiance que le Parti socialiste témoigne à notre Parti et pratiquer, dès maintenant, cette politique ouverte par laquelle nous voulons traduire les décisions du suffrage universel, je crois devoir te communiquer le programme d'action que je soumettrai à l'approbation de notre Comité exécutif.

Nous considérons, tout d'abord, qu'il y a une série de mesures auxquelles on peut procéder sans délai pour tenir les engagements que, les uns et les autres, nous avons pris. Ce sont la suppression des décrets-lois, le rétablissement du monopole des allumettes, l'amnistie générale, sauf pour les insoumis et les traîtres. Dans une pensée d'apaisement social, nous poursuivrons aussi la réintégration des cheminots.

On connaît notre programme laïque. On sait qu'il comporte la suppression de l'ambassade au Vatican et l'application de la loi sur les congrégations. Ce n'est pas à vous qu'il est nécessaire d'expliquer que ces mesures, destinées à exécuter dans sa lettre comme dans son esprit la loi de séparation, n'ont rien qui puisse menacer soit la liberté de conscience, soit le libre exercice des cultes.

Nous demeurons décidés à réduire le service militaire par l'organisation de la nation armée.

Dans l'ordre fiscal, nous pensons que la première mesure à prendre sera de procéder à un rigoureux inventaire de la situation qui nous est laissée, soit en ce qui touche le budget, soit en en ce qui concerne la trésorerie. Cet inventaire doit être, selon nous, la préface du premier budget proposé par le gouvernement démocratique. En présence des manœuvres dirigées contre nous (manœuvres par lesquelles les adversaires essayent de porter atteinte au crédit public, avec d'évidentes intentions politiques) nous tenons à rappeler qu'avec vous, au cours des quatre dernières années, nous avons été les constants défenseurs de l'équilibre budgétaire. Nous affirmons plus que jamais notre fidélité à ce principe.

Mais, décidés à poursuivre sans ménagement toutes les fraudes fiscales, nous voulons faire de l'impôt sur le revenu, que notre Parti a toujours défendu, la balance d'une fiscalité vraiment démocratique. Lors du prochain budget, nous chercherons dans un nouvel aménagement des impôts directs le moyen d'atténuer les charges créées par les impôts de consommation et, en particulier, par la taxe sur le chiffre d'affaires.

Notre Parti a toujours considéré que la réforme de notre statut d'enseignement et le développement des moyens d'instruction représentaient une œuvre indispensable à l'affranchissement populaire. Nous rapporterons les décrets Bérard, nous travaillerons à réaliser l'Ecole Unique telle que nous l'avons définie.

J'ai bien des fois proclamé ma résolution de voir notre Parti exécuter un programme social hardi. Nous voulons assurer le respect de la loi de huit heures et des droits syndicaux. Nous poursuivrons le vote et l'application des assurances sociales dans le plus court délai. Pour ces œuvres et pour toutes celles que le progrès social commande, pour associer de plus en plus les producteurs à la vie économique, nous pratiquerons une collaboration loyale avec les organisations ouvrières.

En ce qui concerne les fonctionnaires, notre Parti a toujours pensé qu'il était légitime, pour assurer la défense de leurs intérêts professionnels, de leur reconnaître le droit syndical, les droits de la nation étant sauvegardés par les lois.

Nous croyons indispensable la réforme administrative pour assurer des économies sérieuses et durables et pour accroître les libertés locales, encore si étroitement mesurées.

En ce qui concerne la politique extérieure, nous sommes décidés à réaliser, dans toute la mesure de nos moyens, la paix par l'entente des peuples. Cette paix, pour laquelle nous travaillerons de toute notre ardeur, ne sera, selon nous, efficace que le jour où la France, fidèle à sa mission démocratique et aux engagements pris durant la guerre, aura fortifié et étendu le rôle de la Société des Nations et des institutions internationales comme le Tribunal de la Haye ou le Bureau du Travail. La Société des Nations ne pourra, elle-même, jouer le rôle que nous attendons de son effort et nous éviter les horreurs de la guerre que lorsqu'elle comprendra tous les peuples résolus à respecter son stataut. Nous voulons rétablir nos relations normales avec la Russie.

Nous acceptons sans aucune arrière-pensée le rapport des experts.

Notre Parti a combattu la politique d'isolement et de force qui a conduit à des occupations et à des prises de gages territoriaux. Mais, en présence de l'état actuel de l'Allemagne, devant la nécessité de prémunir non seulement la France, mais tous les peuples contre un retour offensif du pangermanisme nationaliste, notre Parti ne croit pas possible d'évacuer la Ruhr avant que les gages prévus par les experts aient été constitués et remis aux organismes internationaux désormais qualifiés pour les gérer. Nous pensons aussi que, dans l'intérêt de la paix, il faudra assurer le contrôle du désarmement de l'Allemagne par l'effort commun des alliés et, le plus tôt possible, par l'action de la Société des Nations. Nous aurons à résoudre les problèmes de sécurité par des pactes de garantie placés eux-mêmes sous l'autorité de la Société des Nations.

Ce programme, que nous avons tenu à faire connaître au Parti socialiste, ne retient pas tous les problèmes qui doivent se poser.

Mais ne vaut-il pas mieux, à l'inverse d'une méthode trop suivie, promettre moins et tenir plus?

Tes amis du Parti socialiste verront dans cette communication la preuve de notre volonté de travailler en toute clarté à l'œuvre du progrès démocratique à laquelle nous sommes, les uns et les autres, si sincèrement attachés.

Bien cordialement à toi.

Le Président du Parti radical :

Edouard HERRIOT.

A l'unanimité moins quatre voix, le Congrès répondit comme suit au parti radical :

Le Congrès remercie le Parti radical de la communication qui lui a été adressée en son nom.

Il estime, après en avoir pris connaissance, qu'il se trouve dans le cas prévu et réglé par le paragraphe final de la Résolution de Marseille, aux termes duquel son appui est sûrement acquis à toute œuvre de réforme novatrice et de démocratie sincère, et, par conséquent, au gouvernement résolu à entreprendre cette œuvre.

Le Parti donne mandat exprès en ce sens au Groupe parlementaire. Il le charge d'assurer plus strictement que jamais l'unité de vote, particulièrement nécessaire dans des circonstances politiques difficiles. Il le charge également d'examiner les mesures qui, au Parlement, assureront le succès de la lutte engagée par la majorité républicaine.

Pour enlever à la réaction une arme parlementaire particulièrement dangereuse, et pour attester la loyauté du soutien qu'il entend fournir, il relève le Groupe parlementaire de l'obligation qui lui est faite par le règlement du Parti de voter en tout état de cause contre l'ensemble du budget.

Le Congrès adressait en même temps à M. Herriot la lettre suivante :

Cher citoyen,

Le Congrès du Parti socialiste m'a chargé de vous transmettre le texte des deux motions votées par lui en réponse aux deux lettres dont vous l'avez saisi au nom du Parti radical et radical-socialiste.

Il me confie également la mission de vous assurer qu'il a été sensible à cette démarche franche et confiante qui consacre une méthode nouvelle dans les relations politiques des Partis.

Le Parti socialiste comprend toute la gravité de la question qui lui était posée par le Parti radical et radical-socialiste et qu'il avait de lui-même portée à l'ordre du jour de son Congrès.

Il sait, ou plutôt soupçonne, puisque la vérité a été systématiquement cachée à la France, dans quel état l'ont laissé quatre ans de gouvernement du Bloc National.

Il sait quels effets réparateurs et salutaires le pays espère du changement politique qu'a consacré son vote du 11 mai.

Il sait qu'un puissant mouvement d'opinion dans le pays — mouvement particulièrement aisé à comprendre au lendemain d'une lutte entreprise en commun dans un grand nombre de départements — attendait le succès de cette œuvre de l'action gouvernementale commune du Parti radical et du Parti socialiste.

Le Parti socialiste se rend compte tout aussi clairement de la déception qui s'emparerait de la masse de la nation si l'ardent espoir qui a provoqué et suivi la victoire du 11 mai n'était pas réalisé. Et il ne méconnaît pas la gravité des conséquences de tout ordre que cette déception pourrait entraîner.

Il ne croit pas cependant possible dans les circonstances actuelles d'accepter l'offre qui lui est faite.

En revanche, ainsi que vous le constaterez pas la lecture de la seconde de nos motions, le Parti socialiste a décidé de fournir, dans le même esprit de loyauté et de confiance, son appui parlementaire au gouvernement qui serait constitué par le Parti radical et radical-socialiste sur le programme dont vous nous avez communiqué les lignes directrices.

Il espère fermement par cet appui donner au Parti radical le moyen de mener à bien la lourde tâche qu'impose la situation et assurer ainsi, pour sa part, l'œuvre de progrès, de justice et de paix à laquelle est attaché le vœu de la France et du monde.

Aux communistes enfin qui avaient, dans une lettre adressée à Paul Faure, offert au Parti socialiste de réaliser avec eux l'unité de front parlementaire, le Congrès fit cette réponse, votée à l'unanimité moins une voix :

Citoyens,

Nous vous accusons réception de la lettre que vous avez bien voulu nous adresser.

En réponse, veuillez trouver sous ce pli les résolutions votées par notre Congrès National extraordinaire.

Nous vous invitons de la façon la plus pressante à vous associer aux efforts que nous allons entreprendre en toute indépendance au Parlement pour faire triompher le plus rapidement possible une politique de progrès social, de réformes démocratiques et de paix internationale.

Veuillez agréer, citoyens, notre salut socialiste.

Le Journal du Parti.

Après avoir pris connaissance des propositions de la C. A. P. et du Conseil d'administration et de direction du *Populaire*, le Congrès les approuva à l'unanimité moins trois voix :

Le Congrès fait sienne la proposition du Conseil d'administration et de direction du *Populaire* et de la C. A. P. concernant la transformation du *Populaire* en un organe bi-mensuel que recevraient tous les membres du Parti.

Le *Populaire* cessera donc de paraître dès le 3 juin, et le service gratuit bi-mensuel sera fait jusqu'au 1ᵉʳ janvier 1925 à tous les membres du Parti.

A cette date, la Commission Administrative Permanente fera des propositions tendant à continuer ce service en demandant aux membres du Parti un léger sacrifice.

Les abonnés du *Populaire* qui ne sont pas membres du Parti recevront le journal jusqu'à extinction de leur créance.

Les personnes désireuses de s'abonner pourront le faire au prix de 5 francs par an.

En outre le Congrès décide que la direction politique du journal sera confiée au citoyen Paul Faure, secrétaire général du Parti; la rédaction en chef, au citoyen J.-B. Sévérac, et la direction administrative au citoyen Compère-Morel.

D'autre part, le Congrès mandate ce dernier pour étudier le projet de la vente au numéro du *Populaire* bi-mensuel à raison de 0 fr. 15 par exemplaire dans les kiosques de Paris et chez les dépositaires de province.

La transformation du *Populaire* en un organe bi-mensuel n'étant que transitoire la C. A. P. a décidé en outre de poursuivre sans relâche ses efforts pour la création, dans le plus bref délai possible, d'un journal quotidien.

Le Budget du Parti.

C'est encore à l'unanimité que le Congrès adopta pour les sept derniers mois de l'année 1924 le projet de budget suivant :

1ᵉʳ CHAPITRE

Recettes ordinaires

Reliquat des 5 premiers mois	68.166 95
Cartes	3.000 »
Timbres	30.000 »
Intérêts et divers	83 05
	101.350 »

Dépenses ordinaires

Administration	37.100 »
Journal	8.000 »
Loyer, téléphone, électricité, nettoyage, chauffage	15.000 »
Frais de bureau	1.500 »
Correspondance	2.000 »

Frais divers .... 1.200 »
Matériel .... 1.500 »
Abonnements .... 450 »
Divers et imprévus .... 500 »

67.250 »

2ᵉ CHAPITRE

Cotisation internationale .... 7.000 »
Délégation internationale .... 3.000 »
Congrès .... 9.000 »
Conseil National .... 4.100 »

23.100 »

3ᵉ CHAPITRE

Manifestations diverses .... 1.000 »
Tracts, journaux, brochures .... 6.000 »
Subvention aux Fédérations d'Alsace............ 500 »
Solidarité et retraites .... 3.000 »
Fédération des Jeunesses .... 500 »

11.000 »

Total des trois chapitres............. 101.350 »

SITUATION DE LA CAISSE ÉLECTORALE

Recettes à fin mai 344.898 65
À recevoir en devises étrangères .... 4.250 »

349.148 65
Dépenses à fin mai 208.641 30
Reste dû y compris l'indemnité du *Populaire*..... 77.862 50

286.503 80

BALANCE

À la disposition du journal 62.644 85

Recettes extraordinaires

Cotisation 105 élus parlementaires .... 73.500 »
Élus municipaux .... 720 »

74.220 »

Dépenses extraordinaires

Traitement des délégués permanents .... 28.000 »
Frais de voyage .... 15.000 »

Journal	20.000	»
Secrétariat du Groupe parlementaire	10.500	»
Imprévus et divers	720	»
	74.220	»

Composition de la C. A. P.

Les statuts du Parti fixent à huit au maximum le nombre des élus parlementaires pouvant entrer dans la Commission administrative permanente. Au lendemain des élections, ce nombre se trouvait être de dix.

Le Congrès décida de le ramener à huit, en laissant à la C. A. P. elle-même le soin d'exécuter cette décision.

V

Remaniements administratifs

Aussitôt après le Congrès extraordinaire des 1er et 2 juin, on procède aux remaniements administratifs rendus nécessaires par les démissions d'Hubert Rouger, secrétaire adjoint du Parti, de Théo Bretin, délégué permanent à la propagande, et par la décision du Congrès concernant la composition de la C. A. P.

Paul Faure est maintenu dans les fonctions de secrétaire général ; Grandvallet, dans celles de trésorier. Sévérac, que la C. A. P. avait désigné pour assurer les services du secrétariat et de la rédaction en chef du *Populaire* dès le début de la campagne électorale, est nommé secrétaire adjoint.

Inghels, ancien député du Nord, remplace Théo Bretin à la délégation permanente.

La C. A. P. décide, en outre, de mettre à la disposition des groupes de la Chambre et du Sénat les fonds nécessaires à la création d'un secrétariat parlementaire, dont le titulaire sera désigné par ces groupes. Leur choix se porte sur André Blumel, ancien rédacteur et administrateur-adjoint du *Populaire*.

Mistral et Vincent Auriol, députés, sont remplacés comme membres titulaires de la C. A. P. par Prêté et Délépine.

VI

Le Conseil National

(Paris, 1er et 2 Novembre 1914)

Ordre du jour.

Dans sa séance du 1er octobre, la C. A. P. fixa aux 1er et 2 novembre la date du Congrès national.

Elle en fixa ainsi l'ordre du jour :

1° La situation politique;
2° Préparation des élections municipales;
3° Le prix des cartes et timbres.

Quelques jours après, le secrétariat adressait aux Fédérations une circulaire explicative, qui fut publiée dans le *Populaire* du 15 octobre.

La Situation politique.

L'examen de la situation politique par le Conseil national aboutit aux votes de deux motions : l'une traite de la politique de soutien que le Parti, depuis le Congrès extraordinaire des 1er et 2 juin pratique à l'égard du gouvernement de M. Herriot, et aussi des obligations générales qui s'y trouvent liées; l'autre a trait au vote du budget de l'Etat.

La première fut votée à l'unanimité.

En voici le texte :

Le Conseil National constate avec une profonde satisfaction que les délégués de toutes les Fédérations du Parti se sont trouvés en plein accord :

D'une part, pour reconnaître que l'ensemble des circonstances politiques dicte au Parti la continuation de la tactique de soutien telle qu'elle a été décidée par le Congrès du 2 juin et telle qu'elle sera précisée par la présente résolution;

D'autre part, pour déclarer que cette tactique commandée et justifiée par les intérêts des travailleurs, ne saurait en rien compromettre les caractères fondamentaux du Parti socialiste, expression politique de ces mêmes travailleurs organisés en Parti de classe.

En conséquence :

I

Le Conseil National renouvelle au Groupe parlementaire le mandat qui lui avait été donné par le Congrès du 2 juin de prêter au ministère actuel un concours qui n'a d'autre condition et d'autre mesure que l'activité démocratique et réformatrice de ce gouvernement lui-même.

Il lui rappelle la nécessité de l'unité absolue de vote. Il compte sur sa vigilance pour déjouer les pièges de la réaction comme pour prévenir ou surmonter les difficultés inhérentes à l'action de soutien elle-même.

Se félicitant des résultats dès à présent acquis au profit de la pacification publique et morale de l'Europe, il compte sur son énergie et sur la force animatrice qu'il tient du socialisme même pour continuer ce travail et pour entraîner le Gouvernement et la majorité dans une œuvre toujours plus franchement développée, de réforme et de renouvellement de la vie nationale.

C'est l'intervention vigoureuse de l'Etat pour assurer l'assainissement de la situation financière, monétaire, économique, comme pour résoudre les problèmes de l'habitation et de l'alimentation publiques; c'est la refonte de l'organisation militaire et de l'éducation nationale; c'est un vaste développement des institutions sociales qui doivent, dans le plus bref délai et selon un rythme rapide, fournir au Parti et à la masse des travailleurs la justification de leur concours.

Mais le Conseil National rappelle que la tactique de soutien ainsi définie, si elle comporte pratiquement la négociation ou le concert, pour des objets déterminés avec d'autres partis et avec le gouvernement lui-même, ne doit en aucun cas et aucun degré, affecter la forme d'un système permanent et organique.

Le Parti entend maintenir intactes son autonomie comme sa souveraineté; il ne saurait accepter de se voir englober dans un « bloc » ou « cartel » de partis, où il n'entrerait que comme un élément constitutif. Même quand il agit de concert avec d'autres partis, il n'agit que comme Parti socialiste, nécessairement distinct de tous les autres, et ce caractère distinctif doit se retrouver dans tous ses actes.

Les circonstances actuelles, bien loin d'infirmer ce principe constant de l'action socialiste, lui donnent plus de force et de nécessité. Plus le Parti apporte de loyauté constante et fidèle dans l'appui qu'il prête au gouvernement, plus il lui est nécessaire de prévenir toute confusion dans l'esprit de la classe ouvrière, et par conséquent, de lui apparaître sous son véritable aspect de Parti de classe.

C'est donc la tactique de soutien elle-même qui impose aujourd'hui, comme un devoir plus impérieux et plus pressant que jamais, au Parti de poursuivre, avec une énergie méthodique, son œuvre essentielle de recrutement, d'organisation et d'éducation des travailleurs: au groupe parlementaire de proclamer, en toute occasion, les idées essentielles et le but final du socialisme, comme de proposer ou d'opposer, en toute matière, les solutions pratiques inspirées de la doctrine et du programme propres au Parti: aux fédérations et aux sections de ne négliger aucune occasion d'engager la lutte sur cette doctrine et sur ce programme: aux militants de manifester, par chacun de leurs actes publics, que la forme actuellement donnée à la tactique parlementaire n'altère en rien l'intégrité de leur conviction et de leur conscience socialiste.

Le Parti compte donc sur les Sections et ses Fédérations, sur tous ses élus et ses militants, pour continuer et développer son action de classe incessante en vertu de laquelle il s'oppose irréductiblement à l'ensemble de la classe bourgeoise et à l'Etat qui en est l'instrument.

Il rappellera aux travailleurs qu'eux seuls ont entre les mains l'instrument de leur libération, laquelle ne sera réalisée complètement que le jour où, ayant conquis le pouvoir, ils pourront mettre au service de la collectivité tous les moyens de production et d'échange, dont la concentration entre les mains d'un petit nombre de possédants capitalistes est la cause de leur exploitation et de leur servitude.

II

Pour accomplir la tâche que le Parti s'est donnée, le Conseil National — organe statutaire de contrôle et de propagande (art. 37) — insiste auprès de tous les militants sur la double nécessité d'observer avec plus de fidélité que jamais les règles et la discipline que le Parti s'est librement imposées et de travailler avec plus d'élan que jamais au rayonnement du socialisme et au recrutement du Parti.

Il rappelle notamment aux orateurs et aux propagandistes qu'ils ne peuvent prêter leur concours à des conférences, réunions ou fêtes publiques organisées en dehors du Parti, sans l'assentiment préalable des sections locales ou des fédérations intéressées (art. 18).

Il rappelle aux membres du Groupe parlementaire qu'ils doivent concourir de la façon la plus active à l'œuvre de propagande socialiste.

Aidé du tableau de roulement dressé par le groupe parlementaire, le secrétaire du Parti utilisera les élus de la façon la plus efficace et notamment suivant la méthode de propagande massive dont on se rappelle les heureux effets.

Le Conseil National demande au secrétariat du Parti de ne pas renoncer à ses projets de création d'un service de presse qui mettrait des articles et des informations à la disposition des périodiques du Parti, mais au contraire, d'en poursuivre l'étude et de les réaliser dans le délai le plus bref.

Il rappelle encore à tous les militants que la disparition du quotidien du Parti a privé le socialisme d'un de ses meilleurs moyens d'action et de propagande, et qu'il n'est pas de souci plus urgent que celui de le rétablir.

Il demande à la C. A. P. de ne négliger aucune initiative susceptible de hâter le moment où le Parti retrouvera son organe central.

Il lui demande aussi d'étudier, pour le prochain Congrès, une refonte financière du Parti et les modifications administratives qu'elle pourrait entraîner.

Les victoires d'un grand parti comme le nôtre ne doivent lui servir qu'à se porter vers des combats plus difficiles. L'accroissement de ses effectifs, l'élargissement de son influence politique l'obligent à vouloir être plus nombreux et plus puissant. Le Conseil National lui rappelle qu'il n'y parviendra qu'en augmentant sa cohésion et en intensifiant son effort d'éducation et de propagande.

Touchant la dérogation — prévue par le Congrès des 1ᵉʳ et 2 juin — à la règle interdisant aux députés du Parti de voter le budget de l'Etat, deux motions se trouvèrent en présence.

L'une, rapportée par Lebas, déclarait en substance que cette dérogation ne pourrait être admise que dans le cas où le refus du budget par le groupe socialiste au Parlement risquerait de servir une manœuvre des groupes de la droite contre le gouvernement.

L'autre, rapportée par Léon Blum, interprétait comme suit la motion du Congrès de juin :

Le Congrès National rappelle que le vote contre l'ensemble du budget, tel qu'il est prévu par le pacte d'unité, est entièrement étranger à la politique gouvernementale proprement dite. Il vise, non pas le ministère ou pouvoir, mais le régime capitaliste lui-même contre lequel le Parti n'a jamais entendu modifier ni atténuer son attitude d'opposition irréductible.

Le Congrès du 2 juin a décidé que pour enlever à la réaction une arme particulièrement dangereuse et pour attester la loyauté

*du soutien qu'il entend fournir, il relevait le Groupe parlemen-
taire de l'obligation qui lui était faite de voter en tout état
de cause contre l'ensemble du budget.*

*Le Conseil National estime que la dérogation ainsi prévue
s'applique :*

*D'une part dans le cas où le refus du budget par le groupe
serait escompté par les partis de réaction politique qui essaie-
raient d'en profiter pour réaliser leurs propres desseins.*

*D'autre part, dans le cas où l'action du Parti et du Groupe
parlementaire aurait introduit dans le budget une portion suffisante des réformes essentielles dont la réalisation est l'objet
même de son concours.*

C'est la seconde de ces deux motions qui eut pour elle
la majorité du Conseil national : elle obtint, en effet,
1.157 voix, tandis que 730 allaient à la première.

Préparation des Élections municipales.

L'inscription de cette question à l'ordre du jour du
Conseil national visait surtout à attirer l'attention du Parti
sur la nécessité de préparer sérieusement les élections municipales prochaines.

Le Conseil décida que la C. A. P. nommerait une commission chargée d'élaborer un projet de programme municipal et que l'examen de ce projet figurerait en bonne
place à l'ordre du jour du prochain Congrès.

Le « Populaire » et le prix des cartes et timbres.

La C. A. P. proposait au Conseil national d'augmenter
de deux francs le montant de la cotisation annuelle de
membre du Parti, afin que puisse être continué le service
du *Populaire* bi-mensuel à tous les membres du Parti.

Le Conseil national vota cette augmentation par 1.197
voix contre 507 et 117 abstentions.

La Représentation proportionnelle.

Bien que la question de la R. P. ne fût pas à l'ordre du
jour, le Conseil national adopta à l'unanimité la motion
suivante :

Le Conseil National invite le Groupe socialiste au Parlement à préparer une proposition de loi électorale, qui prendra pour base la Représentation proportionnelle juste et loyale, telle qu'elle est prévue au programme du Parti.

VII

Préparation du XXIIe Congrès National
(Grenoble, 8-12 Février 1925)

Lieu, Date et Ordre du Jour.

Le Conseil national des 1er et 2 novembre avait voté que le XXIIe Congrès national se tiendrait à Grenoble, à la fin de janvier ou au début de février 1925.

Dans sa séance du 3 décembre, la C. A. P. décida qu'il se tiendrait du 8 au 12 février, et fixa comme suit son ordre du jour :

1e Rapports statutaires (secrétariat, trésorerie, journal, groupe parlementaire, délégation à l'Internationale);

2e Organisation de la propagande;

3e Elections municipales. Programme et tactique;

4e La réforme électorale;

5e La situation économique internationale;

6e Renouvellement des organismes centraux.

La C. A. P. chargea sa Commission de propagande (Hubert Rouger, secrétaire) d'étudier la deuxième question portée à l'ordre du jour.

Elle nomma la Commission spéciale prévue par le Conseil national et la chargea de rédiger un projet de programme municipal, ainsi que d'étudier l'organisation matérielle de la campagne municipale (déclarations, affiches, tracts, etc.).

Elle confia à Gaston Lévy le soin de rédiger un projet de rapport sur la situation économique internationale.

Elle décida enfin que les rapports statutaires seraient publiés en brochure et que les rapports concernant la propagande, le programme municipal et la situation économique internationale seraient publiés dans le *Populaire*.

VIII

Élections complémentaires

Les élections complémentaires qui ont eu lieu au cours de l'année 1924, ont permis au parti socialiste d'enregistrer de nouveaux succès.

Elections législatives.

En janvier, aux élections pour le remplacement d'un tiers des membres du Sénat, deux des nôtres ont été élus : Brenier, dans l'Isère, et Reboul, dans l'Hérault.

En mars, Valette est élu sénateur de la Drôme.

En décembre, nouveau succès dans la Haute-Vienne, qui envoie Bétoulle au Sénat.

Le 3 août, Gardiol avait été élu député des Basses-Alpes, en remplacement de notre regretté camarade Aillaud.

Elections aux Conseils généraux d'arrondissement.

Ont été élus, au cours de 1924, les citoyens :

Séguélas, pour le canton de Néuilly-en-Thelle (Oise) ;
Legrand, pour Guéret (Creuse) ;
Marquet, pour Bordeaux (Gironde) ;
Digneaux, pour Audence (Gironde) ;
Flouzat, pour Hérisson (Allier) ;
Dupuis, pour la 2e d'Amiens (Somme) ;
Ferrand, pour Saint-Sulpice-Laurière (Haute-Vienne) ;
Maurrier, pour Draguignan (Var) ;
Mœglen, pour Mulhouse-nord (Haut-Rhin) ;
Bon, pour Marseille (Bouches-du-Rhône) ;
Jaubert, pour Forcalquier (Basses-Alpes) ;
Querou, pour Morlaix (Finistère) ;
Blanchon, pour Vif (Isère) ;
Gervais, pour Aubin (Aveyron).

Elections municipales.

Notre parti a maintenu ses fonctions ou conquis de nouveaux sièges dans les assemblées municipales de Capdenac (Aveyron), Saint-Vallier (Saône-et-Loire), Livry-Gargan (Seine-et-Oise), Souillac (Lot), Pré-Saint-Gervais (Seine), Aubin (Aveyron).

IX

La délégation permanente

Nos délégués permanents n'ont pas chômé au cours de l'année 1924.

Théo Bretin — avant la campagne électorale — a visité les départements :

Saône-et-Loire	20 réunions;
Maine-et-Loire	10 —
Saône-et-Loire	8 —
Indre	6 —
Total	**44 réunions.**

Lucien Roland (du 1er janvier au 10 décembre) a visité les départements :

Var	35 réunions;
Bouches-du-Rhône	1 —
Ain	15 —
Orne	5 —
Aube	10 —
Gironde	13 —
Manche	4 —
Vienne	13 —
Orne	9 —
Somme	10 —
Allier	14 —
Oise	17 —
Total	**146 réunions.**

René Cabannes (du 1ᵉʳ janvier au 21 décembre) a visité les départements :

Ardèche	13	réunions ;
Bouches-du-Rhône	6	—
Cher	12	—
Algérie	19	—
Aude (campagne électorale décidée par la C. A. P.)..............	108	—
Lozère	10	—
Aude	15	—
Aveyron	6	—
Hérault	11	—
Pyrénées-Orientales	6	—
Alpes-Maritimes	4	—
Haute-Saône	14	—
Tarn-et-Garonne	6	—
Puy-de-Dôme	9	—
Total	238	réunions.

Louise Saumoneau (du 1ᵉʳ janvier au 20 décembre) a visité les départements :

Cantal	6	réunions ;
Seine-et-Oise	3	—
Indre	2	—
Dordogne	8	—
Calvados	9	—
Morbihan	9	—
Aube	9	—
Loire	7	—
Saône-et-Loire	10	—
Total	63	réunions.

Inghels (du 15 juillet au 16 décembre) a visité les départements :

Meurthe-et-Moselle	9	réunions ;
Saône-et-Loire	5	—
Ardennes	11	—
Creuse	20	—

Côtes-du-Nord .... 11 réunions ;
Loire-Inférieure .... 12 —
Isère .... 16 —
Seine-et-Oise .... 27 —

      Total .... 111 réunions.

Les camarades de la C. A. P. qui remplirent des délégations à la propagande ont été : Bracke (13), Paul Faure (32), Gaillard (1), Grandvallet (2), Hubert Rouger (8), Gaston Lévy (1), Le Troquer (2), Longuet (15), Maurin (1), Pressemane (3), Renaudel (2), Sévérac (10), Zyromski (5).

X

Grandes manifestations

Mises à part les élections générales du 11 mai, le Parti Socialiste a pu, dans trois grandes occasions, bien montrer sa vitalité et sa puissance. Ce sont les manifestations contre la guerre du 31 juillet et du 21 septembre, et la cérémonie du transfert des cendres de Jaurès au Panthéon.

Contre la guerre.

L'Internationale ouvrière socialiste, en plein accord avec la Fédération syndicale internationale, avait décidé l'organisation de manifestations internationales contre la guerre pour l'été de 1924.

En France, le Parti et la C. G. T. se mirent d'accord sur deux dates : le 31 juillet, dixième anniversaire de la mort de Jaurès, et le 21 septembre, soixantième anniversaire de la fondation de l'Internationale.

Le 31 juillet fut surtout marqué par une imposante cérémonie dans la grande salle du Trocadéro, le 21 septembre, par une concentration des forces ouvrières sur la place du Trocadéro, suivie d'une grande réunion dans ce moment.

Jaurès au Panthéon.

Le transfert des cendres de Jaurès au Panthéon ayant été décidé par le Gouvernement et approuvé par les Chambres, il était naturel que le Parti Socialiste prît la plus grande part dans la préparation de cette cérémonie et fît tout ce qui dépendait de lui pour en assurer le succès.

Il eut ses délégués dans le Comité d'organisation, à côté des représentants de la C. G. T. et de la Ligue des Droits de l'Homme, et c'est à notre camarade Marquet que ce Comité confia la fonction de secrétaire.

De tous les points de la France le Parti Socialiste envoya ses délégations, et nombreux aussi furent les représentants des autres sections de l'Internationale et de l'Internationale elle-même.

L'ampleur du cortège fut digne de celui dont le Parti Socialiste gardera toujours la mémoire. On en peut dire autant de la réunion qui fut tenue le soir du même jour, 23 novembre, dans la grande salle du Trocadéro.

XI

La Librairie du Parti

La C. A. P. eut, à plusieurs reprises, à s'occuper de la « Librairie populaire ». Dans la séance du 30 mai, Compère-Morel, administrateur du *Populaire*, montra que la librairie avait un déficit de 22.000 francs. Il fut décidé, en principe, que la Librairie populaire deviendrait Librairie du Parti et qu'elle restreindrait ses services à la vente des ouvrages socialistes.

Fin septembre, un statut définitif lui fut donné. Il avait été élaboré par une commission composée des citoyens Gaillard, Grandvallet et Sévérac, et spécialement nommée par le C. A. P.

Aux termes de ce statut, la Librairie populaire est considérée comme faisant partie du service de propagande du Parti. Elle limite sa vente aux ouvrages — livres et brochures — édités par le Parti, aux ouvrages socialistes mis en dépôt chez elle par leurs éditeurs, aux cartes postales et portraits des militants, aux chansons socialistes, aux églantines, drapeaux et autres fournitures pour fêtes et manifestations socialistes. Le secrétariat du Parti en a la direction; le trésorier en a le contrôle financier.

La C. A. P. approuva unanimement ce projet de statut qui entra immédiatement en vigueur.

Depuis sa réorganisation, la Librairie du Parti a procédé à la réédition de la brochure de Léon Blum : *Pour devenir socialiste*. A l'occasion du transfert des cendres de Jaurès au Panthéon, elle a édité une brochure contenant quelques belles pages et une courte biographie de Jaurès, sa photographie et une préface de Léon Blum. Cette brochure a été tirée à 12.000 exemplaires, dont 10.400 sont déjà vendus.

Les discours prononcés par Compère-Morel, Renaudel et Paul Faure au cours des débats sur le communisme, dans la séance de la Chambre du 9 décembre, ont été tirés à 100.000 exemplaires, dont 50.000 ont été joints au numéro du *Populaire* du 16 décembre.

La Librairie a réédité les cartes postales de Jaurès et de Paul Lafargue. Elle a édité celles de Léon Blum et de Paul Faure.

Elle a fait procéder à un nouveau tirage du portrait de Jaurès (moyen format).

Depuis sa réorganisation, c'est-à-dire dans les deux mois et demi qui finissent au 15 décembre dernier, la Librairie populaire a fait un chiffre d'affaires de 14.260 francs.

L'inventaire fixe à 38.995 francs la valeur totale, au prix marqué, des livres et brochures appartenant à la Librairie.

XII

Conflits

Les conflits graves ont été fort peu nombreux au cours de l'année 1924. On ne peut en citer que trois, tous trois liés aux élections du 11 mai dernier.

Deux de ces conflits — ceux des Vosges et de l'Aisne — sont heureusement résolus.

Dans les Vosges, les derniers remous des différends qui avaient pendant longtemps divisé les camarades de cette fédération, paraissent complètement apaisés. Les deux journaux socialistes rivaux, *l'Action* et *le Courrier des Vosges*, ont fusionné, et la Fédération des Vosges n'a plus maintenant qu'un organe : *l'Action socialiste*, d'Epinal. Cette fusion des journaux peut être considérée comme le signe matériel de l'unification de la fédération.

Dans l'Aisne, une liste exclusivement composée de candidats socialistes s'était opposée à la liste de cartel avalisée par la C. A. P. Il en était résulté les plus graves dissensions au sein de la Fédération. Une commission, régulièrement constituée pour juger du différend, rendit une sentence arbitrale et ordonna la convocation d'un congrès fédéral présidé par un membre de la C. A. P. Ce congrès, qui s'est tenu à Saint-Quentin, le 30 novembre, sous la présidence du secrétaire adjoint du Parti, a été unanime à prendre acte de la sentence arbitrale, à tenir pour définitivement clos les incidents qui avaient agité la Fédération, à s'engager à ne plus les évoquer, enfin à oublier les querelles passées pour ne plus songer qu'à reprendre ensemble la besogne de recrutement, d'organisation et d'éducation socialistes. Le congrès a voulu, en donnant à chacune des deux fractions la moitié du Bureau fédéral, marquer publiquement son unité reconquise.

La C. A. P. a été moins heureuse dans ses efforts pour régler le conflit de la Fédération de la Loire. Elle a du moins fait de son mieux pour l'aiguiller vers un arbitrage, dont il est permis d'espérer qu'il mettra fin à un différend fort préjudiciable à la prospérité de la Fédération.

XIII

Les relations du Parti Socialiste avec les autres partis

Les autres sections de l'Internationale.

Dans la mesure où c'était matériellement possible, le C. A. P. s'est fait représenter aux assemblées des autres sections de l'Internationale. Elle a également envoyé des délégations à l'étranger, soit à l'occasion de manifestations internationales, soit pour répondre aux appels faits par nos camarades engagés dans quelque lutte importante.

Elle a adressé de nombreux télégrammes de sympathie aux congrès socialistes de l'étranger et n'a pas manqué de féliciter les autres sections de l'Internationale des succès qu'elles avaient pu remporter. Elle n'a pas négligé de joindre ses vœux à ceux que l'Internationale eut l'occasion d'exprimer à plusieurs de ses plus vénérés militants.

Dès que lui parvint la nouvelle de l'assassinat du regretté Matteotti, secrétaire du Parti socialiste unitaire italien, la C. A. P. envoya à nos camarades d'Italie, l'expression de sa douloureuse indignation ; elle la renouvela au moment des obsèques de notre camarade et elle participa à l'agitation contre les crimes fascistes.

A l'occasion du conflit anglo-égyptien, elle rédigea et publia la lettre suivante, adressée au Labour Party :

La Commission administrative permanente du Parti socialiste S. F. I. O. félicite les travailleurs organisés de Grande-Bretagne de l'attitude courageuse qu'ils prennent à propos de la crise anglo-égyptienne actuelle en signalant le renouveau des procédés impérialistes qui, de l'attentat de Sarajevo, faisaient, en 1914, sortir, et l'ultimatum autrichien à la Serbie, et la guerre mondiale ; qui, en septembre 1923, faisaient suivre le meurtre d'officiers italiens de l'occupation de Corfou et du bombardement de victimes innocentes.

Les socialistes français s'associent aux efforts de leurs camarades britanniques pour opposer aux appétits capitalistes, renouvelant sans cesse les causes de conflits, les solutions qu'une Société des Nations encouragée, complétée et toujours renforcée serait seule capable d'apporter pour garantir le droit des peuples à disposer d'eux-mêmes.

Ils prennent l'engagement de les soutenir en toutes occasions, en réclamant des gouvernements de toutes les puissances sans exception une politique qui ne fasse pas du Nord de l'Afrique un champ d'exploitation, de division et de risques de guerre.

Ils continueront avec toute l'Internationale ouvrière socialiste, à travailler à l'organisation du prolétariat mondial pour assurer définitivement aux nations l'indépendance et la paix.

Elle exprima à plusieurs reprises sa sympathie agissante à l'égard de nos camarades socialistes géorgiens et du peuple de Géorgie opprimés par le gouvernement russe.

Elle intervint aussi pour défendre les victimes socialistes du régime bolcheviste russe et notamment les emprisonnés des îles Solovietsky.

Ainsi la C. A. P. s'efforça, en toutes circonstances, d'affirmer, avec ses sentiments internationalistes, l'étroite solidarité qui unit les partis socialistes des divers pays.

Le Parti communiste.

Conformément aux décisions du congrès de Lille, la C. A. P. s'est toujours abstenue de faire état des propositions de front unique ou d'action commune émanant du Parti communiste.

L'Union socialiste-communiste.

Dans sa séance du 9 juillet, la C. A. P. fut saisie d'une proposition de fusion venant d'une fraction de l'Union socialiste-communiste. Elle estima que cette question relevait des organisations locales et régionales du Parti, et que le retour de nos camarades de l'U. S. C. devait se faire dans le cadre des fédérations. Elle déclarait en même temps, pour le cas où des difficultés viendraient à surgir, qu'elle offrirait ses bons offices pour aider à les résoudre.

Ainsi rentrèrent au Parti socialiste quelques groupes socialistes-communistes de la région parisienne, ceux de la Côte-d'Or et de la Fédération du Jura.

XIV

Conclusion

De tout ce qui précède, nos camarades voudront sans doute conclure que l'année 1924 a été favorable au développement de notre Parti.

Nos effectifs — dont on trouvera le détail dans le rap-
part de la trésorerie — ont très sensiblement grossi, passant de 50.496, en 1923, à près de 73.000, en 1924.

Les 50.496 adhérents de 1923 étaient répartis en 66 fédérations départementales statutaires (c'est-à-dire comp-
tant au moins 100 membres). Les 73.000 adhérents de 1924
sont répartis en 79 fédérations. Les nouvelles fédérations
sont celles des Alpes-Maritimes, de l'Ariège, de l'Ardèche,
des Basses-Alpes, des Basses-Pyrénées, du Calvados, du
Cantal, du Jura, de la Loire, du Loiret, de la Lozère, de
Meurthe-et-Moselle, de Savoie et de Tunisie. La Fédération du Lot-et-Garonne, qui avait, en 1023, les 100 membres
réglementaires, n'a pas atteint ce chiffre en 1924.

Notre représentation parlementaire a atteint et dépassé
en importance numérique celle que nous avaient donnée
les élections de 1914.

Notre force politique s'est accrue dans les mêmes pro-
portions.

Ainsi se trouve en grande partie réparé le mal que nous
avaient fait l'exploitation de la loi électorale par le Bloc
national aux élections de 1919, et la scission du Congrès de
Tours.

Ces raisons de nous réjouir ne doivent cependant pas
nous empêcher de voir nos faiblesses, qui viennent surtout
de la disparition du quotidien central du Parti et de l'in-
suffisance de notre effort de propagande orale.

Sur ce second point, la C. A. P. estime qu'il est indispensable de tirer un plus large parti des forces accrues de
notre groupe parlementaire, qui peut et qui doit devenir
un incomparable instrument de diffusion de nos idées dans
le pays.

Rapport de la Trésorerie

présenté par le citoyen GRANDVALLET,

trésorier général du Parti.

Tableaux comparatifs

Malgré le peu de temps qui m'était réservé pour l'établissement des comptes de l'exercice financier de 1924, j'ai tenu cependant à y joindre quelques tableaux comparatifs sur les efforts de recrutement et de propagande faits par les fédérations.

Dans le compte de l'exercice financier, vous remarquerez que le nombre d'adhésions fait cette année est de 34.543, nombre de cartes permanentes distribuées.

Que le nombre d'adhérents est de 72.659, au 20 décembre, tandis que l'année 1923 en avait enregistré 50.496.

La nouvelle carte nous permet donc de constater : 1° le degré de recrutement annuel ; 2° le nombre de camarades qui, ayant donné leur adhésion, arrivent à quitter le Parti le plus souvent par suite du manque de contact avec des propagandistes fédéraux.

C'est ainsi que nous aurions dû, par notre recrutement, arriver cette année à environ 85.000 adhérents si l'on ne tient pas compte des décès. C'est donc 12.500 camarades n'ayant fait que passer dans le Parti l'année précédente. C'est une perte d'efforts de propagande que la C. A. P. a entendu conjurer en partie par la création du *Populaire* bi-mensuel qui, en créant entre le Parti et chaque adhérent un contact régulier et fréquent, en donnant à ceux-ci des arguments pour leur bataille quotidienne, conservera aux fédérations les fruits de leur travail de recrutement.

Par le tableau de prise annuelle de cartes et de timbres, vous constaterez les fluctuations des efforts de bonne organisation par le pourcentage de timbres par carte. Que la progression en période normale est constante ainsi que l'indiquent les chiffres pour 1911 à 1913 et ceux de 1921 à 1924.

Que cette année nous atteignons le pourcentage de 1913, ce qui est la preuve que notre Parti est en pleine croissance.

Par le tableau de prise mensuelle, vous pouvez constater le temps qu'il faut pour placer dans l'année suivante le nombre de cartes pris l'année précédente.

Ce résultat est atteint :

<pre>
      En juillet 1912........ pour 1911 ;
      En septembre 1913...... —   1912 ;
      En Mai 1914........... —   1913 ;
      En février 1920....... —   1919 ;
      En mars 1924.......... —   1923.
</pre>

Ce qui est encore une preuve de vitalité de notre organisation.

Le tableau comparatif des cartes et timbres 1923 et 1924 vous montrera quelles sont les fédérations qui ont le plus recruté. Quelles sont celles qui possèdent les adhérents cotisant le plus régulièrement. Vous remarquerez que la fédération des Bouches-du-Rhône est au premier rang avec 12 timbres par carte. Vous constaterez avec plaisir le gros effort de recrutement fait par les fédérations de la Gironde qui passe de 1.500 à 3.020 cartes ; de la Saône-et-Loire, qui compte 1.492 adhérents de plus qu'en 1923, avec une moyenne de timbres telle que ses 2.420 auront plus de mandats dans ce Congrès que les 3.020 de la Gironde qui n'arrive qu'au sixième rang. De même que la Seine et les Bouches-du-Rhône passent avant le Pas-de-Calais pour les mêmes raisons.

Les fédérations qui méritent des éloges sont nombreuses, même parmi les petites.

Voici comment se classent, au 20 décembre, les 20 fédérations les plus importantes et dont la 20° compte 999 adhérents :

1er Nord.
2° Seine.
3° Bouches-du-Rhône.
4° Pas-de-Calais.
5° Saône-et-Loire.
6° Gironde.
7° Haute-Vienne.
8° Hérault.
9° Var.
10° Rhône.
11° Haut-Rhin, Mulhouse.
12° Bas-Rhin.
13° Puy-de-Dôme.
14° Haute-Garonne.
15° Aude.
16° Finistère.
17° Isère.
18° Allier.
19° Gard.
20° Lot.

Quelques explications pour l'exercice financier

Comme vous le constaterez par la lecture de l'exercice financier, la situation du Parti s'est quelque peu améliorée. Cependant, elle s'est d'autre part aggravée par l'engagement pris par la C. A. P. de servir les intérêts d'un emprunt de 300.000 francs contracté par le *Populaire* auprès des organisations ouvrières belges. Il nous faudra donc, pour préparer la parution d'un quotidien, nous préoccuper d'assainir totalement la situation financière de notre Parti ainsi que celle du *Populaire*.

La Commission des finances vous fait, par ailleurs, une proposition à ce sujet.

Dans les dépenses d'administration, vous remarquerez au chapitre « Frais du siège », une assez forte augmentation, mais qui sera beaucoup plus élevée l'année prochaine ainsi que l'indique le budget prévisionnel. Cette augmentation provient de ce que les frais du local sont, à partir du 1er juin, supportés par le Parti et non plus par le *Populaire* qui, depuis cette date, en a d'ailleurs supporté une partie sur les subventions qui lui sont allouées.

Aux dépenses extraordinaires, vous remarquerez que la 34.543 adhérents nouveaux justifient la somme inscrite.
Aux dépenses extraordinaires, vous remarquerez que la C. A. P., décidée à prêter son concours aux fédérations pour la lutte électorale et ne pouvant préjuger du rende-

ment de la souscription, avait résolu la vente des titres dont la valeur ne fut d'ailleurs pas récupérée.

Au chapitre « Congrès », je ferai remarquer que les frais d'organisation et de voyages des délégués sont afférents à deux congrès : Marseille et Paris. De plus ces frais doivent être dégrevés des 4.784 francs portés aux recettes extraordinaires et provenant des fédérations des Bouches-du-Rhône, pour Marseille, et de Seine-et-Oise, pour le congrès de Paris, qui, en outre, ont pris tous les autres frais d'organisation à leur charge. Aussi, c'est bien sincèrement que je leur adresse, au nom du Parti, les plus vives félicitations.

Au sujet de la cotisation internationale, je dois vous dire comment elle est composée :

1° De la contribution basée sur le nombre d'adhérents ;

2° De la contribution basée sur le nombre des voix attribuées aux congrès internationaux à chaque parti.

La 1re est de 0 fr. 01 suisse × par l'indice de l'augmentation des salaires, c'est-à-dire de 0 fr. 03 français par adhérent.

La 2° est de 6 livres anglaises par voix ; soit 6 × 16, nombre de voix représentant notre Parti aux congrès internationaux.

La cotisation internationale est due du 1er juin au 30 mai.

Au chapitre « Propagande », je vous ferai remarquer que les frais de voyages des délégués seront plus élevés en 1925, ceux-ci ayant été augmentés dans le courant de cette année.

Que la somme affectée au secrétariat du Groupe socialiste au Parlement est majorée de 2.644 francs afférente à la perception des cotisations par la questure pour plusieurs années.

Que les frais de librairie contiennent le salaire du libraire du Parti, depuis le 1er juin ; l'équivalent étant enlevé au chapitre « Personnel d'administration ».

Enfin, que le chapitre *Populaire* bi-mensuel sera, dans le prochain budget, affecté au chapitre « Administration », et, par ce fait, dégrèvera le chapitre « Propagande » n'ayant plus que des recettes ordinaires.

RECETTES

Recettes d'administration :

A) *Ordinaires*

34.543 Cartes permanentes	17.271 50	
72.659 Feuilles cotisations	36 019 50	
25.158 Réglements.	2.515 80	
605.147 Timbres	151 286 75	211.609 35
Cotisations supplémentaires 1921	1.820 65	
— Sur exercice 1922.	24 25	
— — 1923.	2.680 90	

B) *Extraordinaires :*

Remboursements de prêts	2.059 »	
Intérêts des fonds placés.	5.399 95	
Dons pour congrès	4 784 »	
Trop perçu	124 35	46.451 80
Vente pour matériel	450 »	
Vente de titres.	8.634 50	
Dépôt	25.000 »	

C) *Caisse de solidarité :*

Vente insignes.	887 50	947 50
Dons	60 »	
		259.008 65
Sur cotisations 1925	+20 532 30	+20 532 30
Il y a lieu de déduire les cotisations de		
1924 reçues en 1923	—13 839 50	—14.752 50
Et les cotisations dues 1924.	— 913 »	
TOTAL RECETTES ADMINISTRATIVES		264.788 45

CICE FINANCIER
20 Décembre 1924

DÉPENSES

Dépenses d'administration :

A) *Ordinaires :*

Personnel.	56.750 »	
Frais du siège	19.794 05	
— de bureau.	1.010 05	
— de correspondance.	2.410 45	
— d'envois.	1.219 20	103.225 30
— divers.	89 35	
— d'archives.	980 70	
Achat de matériel	544 »	
Impression de cartes et de timbres	20.427 50	

B) *Extraordinaires :*

Retraites	2.800 »	
Vente de Titres	12 001 25	22.101 25
Remboursements dépôt	7.300 »	

C) *Congrès :*

Frais délégations internationales	6.117 »	
Cotisations internationales	9.700 »	
Frais organisation congrès national	5.930 35	
Frais de voyage délégué congrès national.	13.861 80	49.505 45
Frais de voyage délégués conseil national.	4.356 60	
Frais d'organisation du conseil national.	539 70	

D) *Caisse de solidarité :*

Achat d'insignes.	620 »	865 »
Secours.	245 »	

TOTAL DÉPENSES ADMINISTRATIVES.		166.697 »

RECETTES

Recettes de propagande :

D) *Ordinaires* :

Sur cotisa. des élus parlementaires 1923	101.694 »	
— — 1924		102.914 »
— municipaux 1923	1.220 »	
— — 1924		

E) *Extraordinaires* :

Vente de tracts, journaux et affiches	3.310 20	
Dons à propagande	635 »	
Souscription électorale	358.841 10	
Vente tracts et affiches électorales	29.789 75	398.877 85
Manifestations	6.061 80	
Remboursements des frais de délégations	240 »	

RECETTES PROPAGANDE :		501.791 85
ADMINISTRATION REPORT :	264 788 45	264.788 45
RECETTES TOTALES :		766.580 30

Avoir au 1ᵉʳ Janvier :

A Caisse	1.724 »	
— Petite Caisse	163 »	
— C Cᵗ 259-33	1.002 50	43.665 56
— C Cᵗ 196	40.776 06	
Titres	12.001 25	12.001 25
BALANCE :		822.247 11

CICE FINANCIER
20 Décembre 1924

DÉPENSES

Dépenses de propagande :

  E) *Ordinaires :*

Délégués	50.000 »	
Frais de voyages et de séjours	31.057 85	
Impression de tracts, affiches etc.. . . .	2.667 50	
Subvention à Fédération sportive	500 »	
— des jeunesses .	»	107.953 10
à Fédérations	1.710	
Secrétariat du Groupe Socialiste au Parle-ment	13.144	
Librairie et frais d'éditions	8.873 75	

  F) *Extraordinaires :*

Organisation de manifestations	11.474 15	
Subvention électorale aux Fédérations en espèces, en tracts et affiches	131 125 45	367.495 75
Subvention au *Populaire* quotidien . . .	149 307 70	
Service du Bi-Mensuel	75.588 45	
DÉPENSES PROPAGANDE		475.448 85
ADMINISTRATION REPORTS :	166.697 »	166 697 »
DÉPENSES TOTALES		642.145 85

Avoir au 20 décembre 1924 :

A Caisse.	1.892 05	
— Petite Caisse.	133 15	180.101 26
— C C¹ 259-33	5 238 20	
— C C¹ 190	172 837 86	
BALANCE :		822.247 »

BILAN au 20 Décembre 1924

ACTIF			PASSIF	
Avoir disponible :			Dû sur Exercice 1925	20.532 30
En Caisse	1.892 05		— Compte liquidation 1920 . .	108.225 17
Petite Caisse.	133 15		Dû :	
Compte courant 100 . .	172.837 86	180.101 26		
Compte courant 259-33 .	5.238 20		— à divers.	11.500 »
Avoir sur créances :			— Sur socialistes non édités	659 85
Dû p^r fédér. cot. ordin. 1922	76 25		— — délégations	159 20
— cotisation 1924	913 »		— — à dépôt.	17.700 »
— Propagande. .	1.105 40		— à la Caisse de solidarité	3.749 15
— Oise . . 1921	2.033 30		— à *Populaire* quotidien	300.000 »
— Côtes-du-Nord	874 45	27.218 40	— à Librairie	15.000 »
— par Uhry. .	4.000 »			
— Elus Parlemen	14.800 »		TOTAL.	4 7.525 77
— par Mouret. .	2.506 »			
— par C. M. .	910 »			
Mobilier et divers :				
Obligations *Humanité* .	375 »			
Matériel.	5.000 »	5.375 »		
Bibliothèque, Archives (p^r *mémoire*).				
Caisse de Solidarité :				
Stock de 239 insignes . .	358 50	358 50		
TOTAL.		213.053 16		
PERTES.		264.472 61		
BALANCE		477.525 77		

PRISE ANNUELLE

DE

CARTES ET DE TIMBRES

ANNÉES	NOMBRE DE		TIMBRES PRIS POUR	
	CARTES	TIMBRES	100 CARTES	CARTE
1911	69.578	553.065	795	7.95
1912	72.692	581.191	799	7.99
1913	75.192	626.511	833	8.33
1914	93.218	576.184	618	6.18
1915	25.393	146.779	578	5.78
1916	25.879	194.577	751	7.51
1917	28.224	222.298	787	7.87
1918	15.827	145.490	919	9.19
1919	133.277	891.076	668	6.68
1920	179.787	1.417.168	788	7.88
1921	50.449	372.694	738	7.38
1922	49.174	374.805	762	7.62
1923	50.496	402.373	796	7.96
1924	72.659	605.147	832	8.32

TABLEAU
Prise mensuellé des

ANNÉES		JANVIER	FÉVRIER	MARS	AVRIL	MAI	JUIN
1911	C.	41.334	11.322	7.145	3.207	1.852	1.713
	T.	98.500	90.640	56.480	54.348	33.910	37.720
1912	C.	42.400	9.685	5.326	2.771	3.818	2.453
	T.	131.865	86.190	45.882	47.220	32.554	21.750
1913	C.	48.924	8.075	5.501	2.537	2.234	2.077
	T.	147.210	88.150	48.000	66.498	29.284	47.749
1914	C.	42.807	6.611	17.997	3.546	6.164	10.434
	T.	199.702	66.582	78.710	40.770	54.905	79.910
1915	C.	13.451	3.775	2.974	1.009	991	732
	T.	33.430	13.845	25.944	12.704	5.759	10.360
1916	C.	14.493	2.667	2.651	1.524	1.057	725
	T.	54.470	25.640	36.282	13.602	11.090	6.160
1917	C.	16.511	3.902	1.902	839	1.263	483
	T.	72.302	32.310	12.820	9.868	24.388	11.174
1918	C.	4.800	1.766	1.663	660	1.379	777
	T.	19.207	7.064	2.818	2.644	16.355	18.600
1919	C.	30.141	12.516	7.720	9.527	16.295	8.369
	T.	155.360	55.705	46.570	64.270	96.850	57.566
1920	C.	96.202	39.875	10.454	11.400	7.800	4.050
	T.	380.511	267.700	111.790	132.517	99.820	127.560
1921	C.	34.291	8.003	2.471	878	1.296	950
	T.	185.713	53.403	54.945	12.198	12.424	10.800
1922	C.	36.832	4.230	1.872	1.642	1.230	600
	T.	164.160	51.145	22.250	24.220	15.810	20.355
1923	C.	30.825	4.190	4.576	1.613	1.924	1.216
	T.	126.729	33.714	62.422	24.172	20.576	30.787
1924	C.	35.907	9.019	3.534	4.799	2.980	4.307
	T.	165.090	67.367	47.818	69.456	32.448	41.682

COMPARATIF
Cartes et Timbres

JUILLET	AOUT	SEPTEMBRE	OCTOBRE	NOVÉMBRE	DÉCEMBRE	TOTAUX
695	705	440	384	430	351	69.578
34.965	11.910	20.390	29.972	23.050	41.360	553.065
2.426	1.306	1.462	392	614	39	72.692
45.477	24.375	46.032	25.817	35.233	38.796	581.191
1.213	905	1.148	955	1.307	316	75.192
24.380	17.310	43.281	38.416	38.820	37.413	626.511
5.595	»	47	»	»	17	93.218
55.005	»	300	»	»	300	576.184
541	435	171	300	715	299	25.393
9.790	6.795	9.200	1.426	10.888	6.638	146.779
864	584	195	309	595	210	25.879
6.070	9.938	7.000	5.840	15.400	3.085	194.577
562	818	532	627	652	132	28.224
7.650	21.010	8.421	11.005	6.280	5.070	222.298
637	937	824	282	1.283	819	15.827
12.160	14.738	11.728	7.800	17.576	14.800	145.490
6.651	11.830	10.232	12.991	5.486	1.519	133.277
71.762	77.655	67.229	117.481	60.447	20.181	891.076
5.623	1.445	1.938	1.324	1.109	287	179.787
52.395	32.672	50.873	76.438	64.892	20.000	1.417.168
607	262	1.331	360	»	»	50.449
8.566	2.424	13.292	11.368	1.140	6.661	372.694
379	613	443	454	958	1	49.174
8.720	16.713	7.280	14.372	19.570	10.550	374.805
921	1.091	2.061	774	927	398	50.496
14.748	11.196	13.432	27.747	13.802	23.153	402.373
3.073	1.936	3.012	2.259	1.346	637	72.659
36.560	15.917	28.866	46.484	37.698	15.761	605.147

TABLEAU COMPARATIF DES CARTES ET TIMBRES 1923 ET 1924

FÉDÉRATIONS	FEUILLES Cotisations annuelles	TIMBRES	FEUILLES Cotisations annuelles	TIMBRES
	Au 20 Décembre 1923		Au 20 Décembre 1924	
Ain	375	2.600	495	3.400
Aisne	446	2.800	535	4.500
Algérie	200	900	375	2.000
Allier	800	4.000	1.450	9.000
Alpes-Maritimes	35	300	140	1.398
Ardennes	736	5.000	707	6.090
Ariège	30	244	130	1.202
Aube	350	2.100	210	3.100
Aude	705	6.550	1.550	12.700
Ardèche	20	160	374	4.035
Aveyron	250	1.700	380	2.600
Bouches-du-Rhône	2.620	31.440	3.800	45.600
Basses-Alpes	9	103	729	7.448
Basses-Pyrénées	36	316	105	850
Bas-Rhin (Strasbourg)	1.500	14.000	1.700	20.000
Calvados	65	»	185	1.000
Cantal	50	200	200	900
Charente	100	400	124	700
Charente-Inférieure	405	3.100	450	3.300
Cher	200	1.000	250	1.600
Constantine	»	»	»	»
Corrèze	100	800	230	1.866
Corse	1	12	23	196
Côte-d'Or	145	1.334	250	1.500
Côtes-du-Nord	300	1.500	350	2.700
Creuse	400	2.500	675	4.250
Dordogne	150	800	263	1.944
Doubs	100	500	135	1.325
Drôme	210	1.360	375	3.620
	»	»	»	»
Deux-Sèvres	175	1.500	266	2.010
Eure	140	800	300	1.100
Eure-et-Loir	115	650	125	900
Finistère	1.600	12.100	1.500	12.000
Gard	800	7.200	1.125	10.350
Gers	100	800	195	2.350
Gironde	1.500	10.500	3.020	18.260
	»	»	»	»
Haute-Garonne	532	6.212	1.700	13.300
Hérault	1.756	18.700	2.250	25.800
Hautes-Alpes	100	980	200	760
Haute-Loire	»	»	»	»
Haute-Marne	»	»	20	60
Hautes-Pyrénées	20	160	155	800
Haut-Rhin (Belfort)	»	»	60	20
Haut-Rhin (Mulhouse)	1.500	10.000	1.750	15.000
Haute-Saône	434	3.584	543	3.670
Haute-Savoie	100	1.200	200	2.400
Haute-Vienne	2.000	16.000	2.300	19.000
Indes	2	24	4	48

TABLEAU COMPARATIF DES CARTES ET TIMBRES 1923 ET 1924

FÉDÉRATIONS	FEUILLES Cotisations annuelles	TIMBRES	FEUILLES Cotisations annuelles	TIMBRES
	Au 20 décembre 1923		Au 20 Décembre 1924	
Ille-et-Vilaine	250	1.796	850	4 780
Indre	150	800	300	2.000
Indre-et-Loire	415	3.900	525	3 850
Isère	1.162	7.700	1.470	9.180
Jura	»	»	620	3.720
Landes	»	»	»	»
Loir-et-Cher	200	»	200	2.400
Loire	139	813	347	2.170
Loire-Inférieure	530	4.420	510	4.182
Loiret	92	852	180	1.605
Lot	156	818	999	11.864
Lot-et-Garonne	119	684	70	420
Lozère	»	»	198	2.374
Martinique	»	»	2	7
Maine-et-Loire	315	2.500	300	1.900
Manche	50	194	72	593
Marne	380	3.260	675	(5 260
Meurthe-et-Moselle	50	200	250	1.000
Meuse	25	»	1	12
Moselle (Metz)	20	100	50	108
Morbihan	120	1.000	180	1.516
Mayenne	»	»	»	»
Nièvre	266	1.500	380	2.700
Nord	8.000	64.000	8.750	83.000
Oise	700	5.000	850	5.300
Oran	»	»	»	»
Orne	200	1.300	215	1.400
Pas-de-Calais	4.250	25 000	4.600	26.710
Puy-de-Dôme	1.355	10.600	1.700	14.000
Pyrénées-Orientales	120	1.300	315	2.850
Rhône	1.154	10 400	1 800	14 400
Saône-et-Loire	928	7 200	2.420	19 360
Sarthe	300	2.300	330	2.900
Savoie	»	»	300	1.800
Seine	2.605	21.240	3.975	32.100
Seine-et-Marne	645	3 500	965	6 400
Seine-et-Oise	835	6.200	890	7.120
Seine-Inférieure	410	3.400	520	5.000
Somme	430	3 000	521	4.419
Tarn	652	5.200	890	7.120
Tarn-et-Garonne	100	500	210	1.300
Tunisie	50	200	140	1 430
Vaucluse	200	1.600	385	3 000
Vendée	144	680	270	1.916
Vienne	230	1.500	205	1.530
Vosges	470	1.712	575	2.000
Var	1.020	9.380	1.800	21.300
Yonne	»	»	69	405

Rapport de la Commission des finances

présenté par le citoyen G. LÉVY.

Les comptes de l'année 1924, par rapport aux prévisions budgétaires, se présentent de la façon suivante :

1o Budget ordinaire

	Prévues	Effectives
RECETTES	163.850 »	228.684 35

DÉPENSES :

	Prévues	Effectives
1er chapitre	101.575 »	111.225 55
2e —	40.200 »	40.505 »
3e —	17.400 »	22.828 80

TOTAL DES DÉPENSES EFFECTIVES......	174.559 35
EXCÉDENT DE RECETTES SUR LES DÉPENSES..	54.125 »
D'où il y a lieu de déduire pour perte sur cours par vente de titres...............	3.366 75
EXCÉDENT NET.......	50.758 25

Le dépassement des dépenses du 1er chapitre a été déterminé par l'impression de cartes et de timbres pour une somme de 20.427 fr. 50.

Celui du 3e chapitre comprend une somme de 8.873 fr. qui ont été dépensés pour la Librairie, et qui n'avaient pas été prévus au budget définitif.

Pour le 2e chapitre, le dépassement de crédit est compensé par un excédent de recettes provenant d'une participation des Fédérations à la tenue du Congrès national.

2ᵉ Budget extraordinaire

	Prévues		Effectives	
RECETTES	106.940	»	102.914	»
DÉPENSES	111.515	»	114.201	»

EXCÉDENT DE DÉPENSES SUR LES RECETTES..	11.287	»
Ce qui ramène l'EXCÉDENT NET DU BUDGET A..	39.471	25

(L'excédent de dépenses provient de la création d'un poste de délégués permanents supplémentaire.)

3º Dépenses hors budget

RECETTES :

Souscription pour propagande électorale et journal, vente d'affiches, etc............ 389.505 85

DÉPENSES :

Subvention en affiches et tracts aux fédérations, règlement du déficit du quotidien et du bi-mensuel....................... 328.021 60

EXCÉDENT DES RECETTES SUR LES DÉPENSES.. 61.484 25

L'excédent des recettes sur les dépenses pour l'année s'élève donc à la somme de 100.955 francs.

Nous vous proposerons pour le budget de 1925 l'emploi d'une partie de cette somme.

PROJET DE BUDGET POUR 1925

Recettes ordinaires

Cartes permanentes, 10.000......	6.000	»
(en 1924, il en a été vendu 34.000)		
Feuilles de cotisation, 75.000.....	112.500	»
(en 1924, il en a été vendu 72.000)		
Timbres de cotisation, 600.000..	240.000	»
(en 1924, il en a été vendu 605.000)		
Intérêts des fonds placés........	5.000	»
Loyer	10.700	»

TOTAL DES RECETTES.................	374.200	»

Dépenses ordinaires

1er chapitre :

Frais administratifs, personnel..	73.200	»
Frais du siège (loyer, téléphone, impôt, nettoyage, électricité, chauffage, salaire d'entretien)..	46.700	»
Frais de bureau...............	1.500	»
Correspondance	2.500	»
Frais d'envoi	1.500	»
Achat de matériel.............	1.000	»
Archives	1.000	»
Impression de cartes et de timbres	17.000	»
Divers	500	»
TOTAL	124.900	»

2e chapitre :

Service du journal bi-mensuel (75.000 à 2 fr. 50)	187.500	»

3e chapitre :

Congrès National	15.000	»
Conseil National	10.000	»
Cotisations internationales	12.000	»
Délégations internationales	10.000	»
	47.000	»

4e chapitre :

Manifestes, tracts, affiches......	6.000	»
Subventions Fédération sportive et Jeunesse	1.500	»
Organisation de manifestations..	5.000	»
Solidarité et divers	1.500	»
	14.800	»
Imprévus	800	»
TOTAL	374.200	»

BUDGET EXTRAORDINAIRE

Recettes.

Cotisation	133.560	»
Sur excédent de recettes 1924..	20.000	»
		153.560 »

Dépenses.

Délégués permanents	52.800	»
Voyages et frais de séjour des délégués permanents	38.760	»
Librairie et édition brochures...	5.000	»
Secrétariat du Groupe Parlement.	18.000	»
Intérêts pour somme avancée pour le *Populaire* quotidien	19.000	»
Edition pour propagande municipale	20.000	»
		153.560 »

Nous n'avons pris que 20.000 francs sur l'excédent des recettes de cette année, somme inférieure à l'excédent des recettes sur le budget proprement dit.

Il reste 80.000 francs d'excédent, dont 60.000 francs provenant de souscription pour la campagne électorale.

La C. A. P. srait bien inspirée en décidant le remboursement d'une somme de 60.000 francs au Parti Ouvrier Belge sur l'avance de 300.000 francs qui a été faite au Parti.

RAPPORT SUR LE " POPULAIRE "

Présenté par COMPÈRE-MOREL,

Directeur-Administrateur du journal

Le premier numéro du *Populaire* bi-mensuel, qui parut le 18 juin 1924, fut tiré à 20.000 exemplaires.

A cette date, les adresses des membres des groupes, dont on avait fait la demande aux secrétaires, n'étaient pas encore arrivées fort nombreuses.

Mais le tirage a progressé d'une façon continue.

Le second numéro fut tiré à 27.000, le 3ᵉ à 34.200, le 4ᵉ à 36.500, le 5ᵉ à 40.000, le 6ᵉ à 40.600, le 7ᵉ à 41.980, le 8ᵉ à 44.500, le 9ᵉ à 45.500, le 10ᵉ à 47.000, le 11° à 47.700, le 12ᵉ à 48.800.

Soit un total général de 473.860 exemplaires.

A combien se sont montées les dépenses ?

D'après les évaluations que nous avions faites devant la Commission Administrative Permanente, les dépenses totales devaient être mensuellement, pour deux numéros, de 13.000 francs.

Malgré l'augmentation du papier, passé depuis lors de 155 francs à 163 francs les 100 kilos, et l'élévation des salaires des typographes qui a provoqué un surcroît de dépenses de 32 francs par numéro, nous n'avons pas encore atteint le chiffre de 13.000 francs mensuels.

L'impression du premier numéro s'est élevée à 750 fr. 50 ; celle du 2ᵉ, 807 francs ; du 3ᵉ, 821 fr. 50 ; du 4ᵉ, 833 francs ; du 5ᵉ, 850 fr. 50 ; du 6ᵉ, 853 fr. 50 ; du 7ᵉ, 880 fr. 40 ; du 8ᵉ, 893 fr. 10 ; du 9ᵉ, 878 francs ; du 10ᵉ, 885 fr. 50 ; du 11ᵉ, 931 fr. 65 ; du 12ᵉ, 937 fr. 55.

Le coût du papier pour le premier numéro : 682 fr. 50 ; le 2ᵉ, 921 fr. 70 ; le 3ᵉ, 1.167 fr. 20 ; le 4ᵉ, 1.277 fr. 75 ; le 5ᵉ, 1.409 francs ; le 6ᵉ, 1.429 fr. 10 ; le 7ᵉ, 1.478 fr. 70 ; le 8ᵉ, 1.568 fr. 10 ; le 9ᵉ, 1.602 fr. 60 ; le 10ᵉ, 1.686 fr. 40 ; le 11ᵉ, 1.711 fr. 50 ; le 12ᵉ, 1.753 fr. 85.

La rédaction du premier numéro a coûté 200 francs ;

le n° 2, 200 francs; le n° 3, 200 francs; le n° 4, 200 francs;
le n° 5, 200 francs; le n° 6, 200 francs; le n° 7, 200 francs;
le n° 8, 200 francs; le n° 9, 140 francs; le n° 10, 300 francs;
le n° 11, 240 francs; le n° 12, 190 francs.

Frais d'administration : n° 1, 725 francs; n° 2, 725
francs; n° 3, 725 francs; n° 4, 725 francs; n° 5, 725 francs;
n° 6, 725 francs; n° 7, 725 francs; n° 8, 725 francs; n° 9,
1.025 francs; n° 10, 725 francs; n° 11, 725 francs; n° 12,
725 francs.

Les frais d'envoi : du n° 1, 686 fr. 35; du n° 2, 1.185
francs 55; du n° 3, 1.500 fr. 60; du n° 4, 1,603 fr. 85; du
n° 5, 1.682 fr. 40; du n° 6, 1.794 fr.; du n° 7, 1,868 fr.;
du n° 8, 1.980 fr. 15; du n° 9, 2.025 fr.; du n° 10, 2.130 fr.;
du n° 11, 2.152 fr.; du n° 12, 2.250 fr.

En résumé, l'impression des 12 numéros a coûté 10.322
francs 22; le papier, 16.688 fr. 40; la rédaction, 2.470 fr.;
l'administration, 9.000 fr., et les envois, 20.867 fr. 90.

Soit, au total, pour les 12 numéros, de : 59.348 fr. 50, ce
qui fait une moyenne de 4.945 fr. 70 par numéro.

Quelles ont été les recettes?

	Parti Socialiste.	Abonnements.	Publicité,
Juin.	6.000 »	»	»
Juillet.	9.588 45	208 60	1.875 »
Août.	13.000 »	140 50	602 90
Septembre	12.000 »	95 »	670 »
Octobre	22.000 »	1.357 30	725 »
Novembre.	6.000 »	179 10	375 »
Total.....	68.588 45	1.980 50	4.247 90

Et les dépenses :

Juin.	3.336 50
Juillet.	5.303 45
Août	10.934 60
Septembre	10.185 05
Octobre.	11.030 60
Novembre	12.184 55
Total.....................................	52.974 75

C'est dire que nos prévisions se sont complètement réalisées et que les sacrifices prévus n'ont pas été dépassés.

Il appartient maintenant aux secrétaires de section qui n'ont pas encore répondu à l'appel de la C. A. P., de bien vouloir nous envoyer, le plus rapidement possible, les adresses de leurs membres afin que ceux-ci reçoivent tout de suite notre bi-hebdomadaire et puissent ainsi connaître la vie intérieure et l'action publique du Parti.

RAPPORT
de la délégation du Parti à l'Internationale

Le Parti a été représenté à toutes les réunions du Comité exécutif de l'Internationale, soit par les deux délégués désignés par lui de façon permanente, Jean Longuet et Bracke, soit par d'autres camarades.

Bracke a, de plus, pris part aux délibérations du Bureau.

Luxembourg.

Une première réunion de l'Exécutif a eu lieu à Luxembourg, les 16 et 17 février. Vos délégués ont eu l'occasion d'y remercier les représentants des partis frères qui avaient dès lors manifesté ou déjà commencé à réaliser l'intention d'aider la section française de l'Internationale dans sa lutte. Ils ont pu aussi y rendre compte des conditions dans lesquelles le Congrès National de Marseille avait autorisé, exceptionnellement, des cartels locaux dans les départements où le jeu d'un mode de scrutin bizarre rendait plus difficile encore la lutte contre la politique du Bloc National.

Nous avions pu saluer alors le succès de nos camarades anglais aux élections et la conjoncture politique qui amenait le *Labour Party* à prendre en main provisoirement le pouvoir comme gouvernement de minorité.

Le Comité exécutif avait, à cette occasion, mis en congé provisoire, sans traitement, l'un des secrétaires, Tom Shaw, que ses fonctions de ministre empêchaient, pour le moment de se consacrer au secrétariat et enregistré les modifications que l'article 15 des statuts nécessitait dans la composition de la Commission administrative siégeant à Londres. Depuis, Tom Shaw a, bien entendu, repris son poste au Secrétariat.

5

C'est aussi dans cette session d'une cotisation provisoire de six livres sterling par voix au Congrès pour chaque nationalité socialiste a été décidée.

Enfin, il a été pris acte de l'adhésion définitive des partis socialistes d'Espagne et de la Guyane britannique à l'I. O. S. qui compte environ 8 millions d'adhérents.

Voici le texte des résolutions adoptées sur les diverses questions à l'ordre du jour :

Sur la Situation politique.

L'Internationale a toujours fait appel aux forces morales de l'humanité comme base de cette société nouvelle, à laquelle aspire la classe ouvrière. E'le souhaite de tout cœur le succès aux efforts des camarades anglais inspirés par ces mêmes idées, pour donner une tournure nouvelle à la politique internationale qui a été jusqu'ici le champ de bataille des intérêts des capitalismes des d verses nations.

Dans la situation actue'le, le Comité exécutif de l'Internationale ne trouve pas nécessaire de répéter les déclarations tant de fois fa tes sur les conditions fondamentales d'une politique de paix et de réconciliation après la guerre mondiale où a abouti le vieux régime capitaliste et ant démocratique du monde. Il suffit de constater que l'évolution des événements nous a donné pleinement raison. Toujours nous avons hautement proclamé l'inefficacité et les périls d'une pol tique de violence et de contrainte. C'est une honte pour l'humanité que des populations entières, presque cinq ans après la conclusion de la pa x formel e, doivent rester sous la domination arbitraire du militarisme des vainqueurs, et nous maintenons plus fermement que jamais la demande de l'Internationale si souvent répétée de l'évacuation aussi vite que possible des territoires occupés.

En même temps, nous répétons que la réparation des dommages, justifiée par les ravages horribles de la guerre, doivent être effectués sans subterfuges et sans ambiguïtés.

Tout en constatant, ce qu'il reconnaît comme un progrès, que, depuis la victoire du *Labour Party* britannique, les gouvernements capitalistes ont été obligés de rechercher eux-mêmes une solution économique pacifique du problème des réparations, l'Exécutif tient à appeler avec force l'attention sur le fait que même une solution économique pacifique de ce problème des réparations, telle que les gouvernements capita'istes la recherchent maintenant, peut devenir un grave danger pour le prolétariat international.

Si la solution imposait à la classe ouvrière allemande des charges qui ne pourraient être supportées que par la prolongation de la journée de travail au delà de huit heures en Allemagne et avec un abaissement sensible du salaire réel des ouvriers allemands, le mécanisme de la concurrence capitaliste créerait une pression qui pourrait entraîner les autres pays aussi à prolonger la journée de travail et à baisser les salaires. Les réparations seraient ainsi en fait payées non par les classes capitalistes d'Allemagne, responsables de la guerre et enrichies des conséquences de la guerre, mais par les travailleurs de tous les pays.

L'Exécutif met donc en garde les travailleurs de tous les pays contre le sérieux danger de voir les gouvernements capitalistes, après avoir jusqu'ici abaissé la situation des ouvriers par le conflit au sujet des réparations, essayer de l'abaisser encore davantage par une entente sur la solution du problème des réparations au moyen des méthodes purement capitalistes.

En présence de ces dangers, l'Exécutif déclare que l'entente sur le problème des réparations doit non seulement rendre possible la libération des pays occupés, non seulement accorder les droits de la France et de la Belgique avec la nécessité de stabiliser les monnaies et le rétablissement de l'équilibre en Europe, mais encore préserver la classe ouvrière internationale d'une concurrence allemande trop intense et garantissant le rétablissement de la journée de huit heures en Allemagne et son maintien dans le monde entier, et en faisant porter le poids des réparations non sur le travail allemand, mais sur le capital allemand.

Nous continuons donc à insister pour que dans le grand problème des réparations qui domine la situation actuelle du monde, il en soit tenu compte non seulement au point de vue purement économique et financier, mais en même temps au point de vue social. Nous insistons aussi sur la nécessité absolue de rompre enfin avec les vieilles méthodes et d'inaugurer à leur place cette politique de sincérité et de confiance qui a toujours été celle des partis ouvriers dans leurs relations internationales. Sans cela, on ne viendra jamais à ce sentiment de sécurité mutuelle qui est aussi important pour l'évolution pacifique du monde que la solution même du problème de la reconstitution des territoires dévastés. Avec de la bonne volonté, en faisant la Société des Nations, encore imparfaite, plus universelle et plus démocratique, on pourrait certainement s'approcher de ce sentiment de sécurité, prélude nécessaire de l'arrêt des armements, pour préparer le désarmement général et l'arbitrage obligatoire que demande l'Internationale, qui n'oublie pas non plus la démilitarisation et la neutralisation de certaines régions frontières.

Nous espérons qu'on va étudier de près aussi ces questions, dont dépend peut-être l'avenir même de notre humanité, que la guerre a laissée dans un état si déchiré. Dans ce moment, où il y a certains signes qui permettent malgré tout d'espérer, l'Internationale fait donc encore une fois appel à toute la classe ouvrière et à toutes les bonnes volontés qui comprennent que dans notre temps la classe ouvrière est devenue la vraie grande force de progrès, de redoubler leurs efforts pour la solution des problèmes actuels qui ont si longtemps obscurci l'horizon.

Sur la Journée de huit heures.

Considérant :

Que l'offensive poursuivie contre la journée de huit heures en Allemagne, une des conséqnences les plus funestes du conflit de la Ruhr, a encouragé le patronat dans beaucoup de pays à attaquer violemment la journée de huit heures;

Que toute restriction de la journée de huit heures dans un pays entraine immédiatement dans beaucoup d'autres pays des attaques véhémentes de la classe capitaliste contre la journée de huit heures;

L'Exécutf fait appel aux travailleurs de tous les pays pour s'opposer de toutes leurs forces aux attaques du patronat contre la journée de huit heures;

Signale avec satisfaction l'initiative prise par le gouvernement travailliste en Angleterre pour la ratficaton de la convention de Washington sur la journée de huit heures;

Invite les partis affiliés à l'I. O. S. à soutenir les efforts du gouvernement travailiste en Angleterre en s'efforçant d'obtenir, chacun dans son pays, la ratification de la convention de Washington;

Et charge le bureau d'organiser sur le terrain international, en commun avec la Fédération oyndcale internationale, au moment donné une action de masse pour la ratification de la convention de Washington.

Il n'est pas inutile de noter ici que, tout récemment, dans la discussion du budget du Ministère du Travail, notre Groupe socialiste au Parlement, continuant son action conforme à l'appel de l'Internationale, formulait encore à la tribune la nécessité d'une rectification intégrale et sans condition, de la convention de Washington.

Sur la Russie.

Le Comité exécutif constate avec satisfaction qu'après la reconnaissance *de jure* de la Russie soviétique par le gouvernement travailliste anglais et le gouvernement italien, la pleine reconnaissance de la Russie soviétique par les hautes puissances et le rétablissement des rapports normaux entre la Russie et l'Europe peuvent être regardés comme un fait imminent. Cela, l'Exécutif le considère comme le meilleur gage de la cessation de boycot international de la Russie et de l'impossibilité du retour à la politique de l'intervention et du blocus, de même que comme appui favorable à la démocratisation du régime politique en Russie.

Le Comité exécutif, en pleine conformité avec les résolutions du Congrès de Hambourg, soutient l'action des partis socialistes des différents pays pour obtenir la reconnaissance du gouvernement soviétique et invite les partis affiliés, partout où la bourgeoisie s'oppose encore à la reconnaissance *de jure* de la Russie soviétique ou cherche à y attacher des conditions réactionnaires, de redoubler leurs efforts pour la reconnaissance, ce qui commande une attention particulière à ce que les gouvernements capitalistes n'imposent pas au peuple russe des conditions qui équivaudraient à l'esclavage économique.

D'autant plus, le Comité exécutif le considère comme le devoir des partis ouvriers socialistes de tous les pays est de soutenir les socialistes russes dans leur lutte contre le régime bolcheviste d'oppression politique.

Le Comité exécutif envoie son salut aux camarades russes emprisonnés et déportés, qui, malgré les persécutions inouïes, sont restés fidèles à leur idéal socialiste. Il déclare que le devoir de tous les partis adhérents à l'Internationale ouvrière socialiste est de mener une action énergique pour l'*amnistie complète* des prisonniers politiques en Russie et la cessation des persécutions contre les organisations ouvrières et paysannes non communistes.

Sur la Géorgie.

Vu que la reconnaissance *de jure* du gouvernement des Soviets est à l'ordre du jour de tous les gouvernements d'Europe, le Comité exécutif rappelle aux partis affiliés que, conformément aux décisions du Congrès de Hambourg, les partis socialistes, tout en exigeant des gouvernements de leurs pays respectifs la reconnaissance du gouvernement soviétique, doivent veiller à ce que cet acte n'empêche pas que se continuent les négociations en vue de la cessation de l'occupation militaire de la Géorgie.

Le Comité exécutif invite les partis affiliés à faire un effort de propagande en faveur de l'évacuation de la Géorgie par les troupes d'occupation soviétiques, conformément à la résolution de Hambourg.

Sur la Hongrie.

L'Exécutif, rappelant la résolution prise par le Congrès de Hambourg sur la question hongroise, élève de nouveau la plus énergique des protestations contre le fait que quelques gouvernements continuent encore à soutenir et à protéger le régime en vigueur en Hongrie, où, quatre ans et demi après le renversement du gouvernement des Conseils, se prolonge encore la terreur contre-révolutionnaire. Au moment où la haute finance internationale se prépare à donner l'appui de ses crédits au régime contre-révolutionnaire en Hongrie, l'Exécutif invite tous les partis adhérents à renforcer leur action pour la protection de la démocratie et de la classe ouvrière dans ce pays.

Sur l'Arménie.

L'Exécutif de l'I. O. S. se référant à la décision du Congrès de Hambourg à l'égard de l'Arménie, demande que les gouvernements, à l'occasion de la reconnaissance de la Russie soviétique, sauvegardent le droit à l'indépendance du peuple arménien.

Considérant :

Que les puissances de l'Entente, au mépris des engagements formels pris par eux dans le traité de Lausanne, abandonnent l'Arménie aux Turcs kémalistes;

Qu'environ un million de réfugiés arméniens, qui avaient échappé dans une affreuse détresse aux hécatombes de 1915, vivent encore à l'étranger, livrés à l'extrême misère et placés sous l'interdiction de retourner dans leurs foyers:

Qu'à bref délai ont commencé dans les Parlements d'Angleterre, de France et d'Italie les débats relatifs à la ratification du traité de Lausanne;

L'Exécutif de l'I. O. S. recommande aux Groupes socialistes dans les Parlements de ces trois pays, conformément à la résolution du Congrès de Hambourg, à réclamer, à l'occasion de ces débats, le rétablissement des foyers arméniens dans la partie de l'Arménie soumise à la Turquie, revendication dont la nécessité urgente a été proclamée par la Société des Nations et les puissances elles-mêmes.

Vienne.

Les 5, 6 et 7 juin 1924, Bracke et Longuet assistaient à la nouvelle réunion du Comité exécutif de l'I. O. S.

La tenue de cette réunion coïncidait avec le Congrès de la Fédération syndicale internationale et d'autres assemblées internationales, qui donnèrent, durant ces journées, l'occasion de fêtes et de meetings importants.

Vos délégués prirent la parole dans diverses réunions et doivent signaler l'accueil de fraternelle et enthousiaste sympathie reçu au nom des travailleurs français de la part de la classe ouvrière viennoise.

Avec tous les délégués de l'Internationale, ils ont assisté, entre autres, à un défilé de l'armée volontaire de défense de la République autrichienne et des organisations ouvrières, qui constituait, sans doute, la plus belle manifestation de ce genre qu'on ait jamais vue en aucun pays.

C'est pourquoi l'Exécutif décidait, dans sa réunion du 7, de remercier les ouvriers d'Autriche de leur imposante réception, en offrant, d'accord avec le Congrès international syndical, et au nom de l'I. O. S., un drapeau rouge d'honneur. — Cette décision a été mise à exécution solennellement le 21 septembre, lors de la manifestation internationale contre la guerre où fut célébré, par les ouvriers de Vienne l'anniversaire de l'Internationale.

Il a été pris, relativement à l'organisation financière, la résolution suivante :

L'Exécutif a examiné et approuve le budget prévu pour l'année prochaine par la Commission administrative. Pour couvrir les dépenses qu'il comporte, il est abso'ument nécessaire que tous les partis, sans exception, remplissent leurs engagements.

La cotisation basée sur le nombre des adhérents étant établie par les statuts, un Congrès seul pourra la modifier. En attendant, l'Exécutif invite la Commission administrat've à préparer pour le prochain Congrès international une proposit'on réglant les cotisations de manière à répartir les charges plus proportionnellement que ne le fait le système actuel.

Dans sa réunion à Luxembourg, l'Exécutif a déjà décidé d'établir pour la première année une cotisation supplémentaire basée sur le nombre de voix au Congrès. Il ne voit actuellement, jusqu'à la décision du prochain Congrès, nul autre règlement poss ble que de demander le versement de cette cotisation aussi pour la deuxième année.

Considérant que la solidarité internationale exige l'appui mutuel des partis affiliés à l'I. O. S. selon les possibilités de chacun,

L'I. O. S. renonce, par exception, et seulement pour la première année aux cotisations de l'Italie où règne le fascisme, de l'Allemagne où le Parti social-démocrate vient de traverser une grave crise économique, de la France où la scission avait détruit le Parti et où la possibilité de refaire les organisations n'a été rétablie que tout récemment, enfin de la Russie où les partis, contraints à l'illégalité, subissent les épreuves les plus graves. L'Exécutif prie les camarades russes de mettre les ressources qu'ils devra ent à l'Internationale au service des socialistes emprisonnés en Russie.

Il est à noter que la première année dont il est question dans ce texte est l'année administrative 1923-24, qui a pris fin le 31 mai 1924.

D'autre part, les résolutions suivantes ont été votées par l'Exécutif.

Sur la Situation politique générale.

L'Exécutif a examiné la situation internationale créée par *le rapport du Comité des experts*. Il a constaté que tous les partis socialistes et ouvriers directement intéressés prennent, à l'égard du rapport des experts, une attitude absolument unanime et a confirmé les résolutions prises antérieurement à Luxembourg.

L'Exécutif s'est ensuite occupé de la prochaine session de la Société des Nations et a pris connaissance d'un rapport des délégués autrichiens sur la façon dont la Société des Nations traite *le problème de l'Autriche*.

Il a entendu un rapport des délégués russes et géorgiens concernant *la situation dans l'Union des Soviets*. Il a confirmé les résolutions de Luxembourg sur la quest on russe et sur l'occupation militaire de la Géorgie et constate que, sans préjudice de la lutte que mène l'Internationale pour s'opposer à toute politique d'intervent on capitaliste et contre-révolutionnaire contre l'Union des Soviets, tous les partis socialistes et ouvriers ont le devoir de soutenir les partis socialistes de Russie et de Géorgie et de faire connaître à l'opinion publique, dans leur presse et leurs publications, le régime de terreur qui continue toujours sans relâche à sévir contre les masses ouvrières et paysannes dans l'Union des Soviets.

L'Exécutif a constaté, contrairement à une vaste propagande actuellement faite, d'après un rapport du délégué britannique Cramp, qu'en Hongrie le régime de terreur contre-révolutionnaire persiste toujours et qu'il reste, par conséquent, du devoir de tous les partis socialistes et ouvriers de donner leur appui moral au prolétariat hongrois opprimé.

L'Exécutif a enfin examiné la situation dans *les Balkans* et a pris la résolution suivante :

Le Parti social-démocrate de Bulgarie s'étant retiré du gouvernement Zankoff, ayant pris l'attitude de l'opposition la plus acharnée contre ce système de gouvernement et luttant désormais pour la démocratisation complète du pays, pour l'abolition des lois d'exception et pour l'amnistie à accorder aux condamnés politiques, et, d'autre part, les assurances ayant été fournies que ce parti restera fidèle à cette politique, l'Exécutif considère la discussion relative à la participation du Parti social-démocrate bulgare à ce gouvernement comme une question réglée.

Il invite tous ses partis adhérents dans les Balkans et dans l'Europe orientale à discuter dorénavant les questions politiques communes de leurs pays dans des conférences communes sur la base des résolutions prises par le Congrès international de Hambourg, ainsi que des principes établis à la Conférence socialiste de Bucarest, et à préparer ainsi les décisions à prendre par l'Internationale sur ces questions, parce qu'elles ont la plus grande importance pour la paix du monde.

Sur la Journée de huit heures.

L'Exécutif de l'I. O. S. rappelle sa décision de Luxembourg concernant la journée de huit heures.

Il dénonce l'action persistante des capitalistes de tous les pays pour arracher à la classe ouvrière une conquête chèrement obtenue par les plus grands sacrifices pendant et après la guerre. Il attire tout spécialement l'attention des travailleurs sur l'action hypocrite du capitalisme international et plus particulièrement des capitalismes allemand, belge et français étroitement unis pour imposer au prolétariat de la Ruhr de longues heures de travail, et qui profitent de leur succès même pour adjurer les prolétariats de leurs pays respectifs d'accepter eux aussi de longues heures de labeur dans un prétendu intérêt patriotique.

Fermement résolu à lutter pour le maintien des loisirs ouvriers — condition essentielle de la civilisation ouvrière — toutes les sections représentées assurent les trava'lleurs allemands de leur pleine solidarité et de leur concours efficace dans la lutte engagée.

L'Exécutif rappelle aux diverses sections nationales l'urgente nécessité d'exercer toute l'action possible sur leur gouvernement pour assurer la prompte ratification de la convention de Washington.

Le Congrès international de 1925.

Enfin, c'est dans cette session, à Vienne, que l'Exécutif a décidé que le prochain Congrès international socialiste aura lieu, conformément aux statuts, en 1925, à une date qui sera ultérieurement déterminée, et *qu'il se tiendra en France.*

Le Parti socialiste S. F. I. O. est chargé d'organiser ce Congrès, d'accord avec la Commission administrative et le Secrétariat de l'I. O. S.

Conférence commune avec la F. S. I.

Manifestation internationale contre la Guerre.

Une réunion commune de l'Exécutif de l'I. O. S. avec le Bureau de la Fédération syndicale internationale a décidé d'unir les efforts et d'assurer les diverses manifestations projetées pour le dixième anniversaire de la guerre et le soixantième anniversaire de la fondation de l'Internationale et pris, à cet effet, à l'unanimité, les résolutions que voici :

L'Exécutif a décidé que les démonstrations importantes devaient, cette année rappeler dans tous les pays le souvenir de la guerre et renforcer dans la conscience des masses la conviction qu'il est nécessaire de mener une action organisée contre la guerre, contre l'esprit de la guerre et contre la concurrence des armements.

Le jour où la guerre éc'ata, le jour où le règne du meurtre fut inauguré par l'assassinat du grand, de l'inoubliable apôtre de la paix Jean Jaurès, marquera le début de la manifestation. L'Internationale soc'aliste publiera à cette occasion un manifeste en commun avec l'Internationale syndica'e et l'Internationale des jeunesses.

La démonstration aura un autre point culminant le 21 septembre. C'est au mois de septembre aussi que se place le soixantième ann'versaire de l'Internationale. L'organisation internationa'e du prolétariat, qui doit devenir l'organe principal de la lutte contre la guerre, associera la célébration de cet anniversa're aux démonstrations pour la paix. La commémoration se terminera par une solennité à Londres, où l'Internationale a été fondée le 28 septembre 1864.

Pour assurer la réussite complète des manifestations de cette année, il est indispensable que se produ'se dans chaque pays une collaborat'on étroite entre les organisations affiliées à l'Internationale syndicale et celles qui adhrent à l'Internationale ouvrière socialiste.

Les délégués du Parti ont été heureux de constater, à cette occasion, les progrès de cette collaboration nécessaire des organisations ouvrières politiques et syndicales, à laquelle ils n'ont jamais manqué, dans l'Internationale, de coopérer autant qu'ils le peuvent.

L'exécution de la résolution prise a prouvé que le rapprochement des forces ouvrières se fait de plus en plus étroit.

Voici le texte de l'appel rédigé en commun :

AUX TRAVAILLEURS DE TOUS LES PAYS !

Tournez vos regards en arrière ! Rappelez-vous le moment où, il y a dix ans, la grande guerre éclata. Rappelez-vous, tout d'abord, ces premiers jours, ces premières semaines, où vous ne saviez pas encore ce que, plus tard, vous avez dû apprendre par tant de peines et de douleurs. Rappelez-vous *l'enthousiasme pour la guerre* qui, à ce moment, saisit les masses. Rappelez-vous l'art achevé que la presse de tous les pays déploya pour attiser l'incend'e.

Après un demi-siècle de paix dans le Nord, l'Ouest et le centre de l'Europe, les masses ne comprirent pas d'abord le danger qui les menaçait. Partout elles furent les dupes de leur presse, qui leur fit croire que c'était leur pays qui était attaqué. Partout les états-majors réussirent à soulever le sentiment de la solidarité pour la défense. De plus, la guerre apparut comme une *grande expérience*, et les hommes ne se laissèrent que trop volontiers prendre au dire mensonger qu'elle apporterait le soulagement à tous leurs maux. La guerre, disait-on, fera naître le bonheur et la prospérité, et l'on allait jusqu'à prophétiser qu'elle ferait diminuer le chômage. Souvenez-vous combien de vos frères ouvriers ont alors été entraînés par la *vague du chauvinisme* et demandez-vous, dans votre for intérieur, si vous-même vous n'avez pas été de ceux qui succombèrent à l'*ivresse de la guerre*.

Ce n'est ni pour vous en faire reproche ni pour vous blesser, que nous vous rappelons la folie de ces jours. C'est pour vous demander si pareille erreur funeste osera *jamais* recommencer.

Hélas ! la réalité de la guerre a bientôt ouvert les yeux aux hommes. Partout où le monstre sanglant mettait le pied, l'enthousiasme s'éteignait, l'angoisse saisissait les cœurs, les lamentations s'élevaient, les souffrances atteignirent un degré inouï. La malheureuse Belgique fut la première victime. Dès le premier jour de la guerre, elle a dû éprouver toutes les terreurs et toutes les atrocités du vandalisme. Quelques jours plus tard, le véritable aspect de la guerre se dévoila dans l'Est. Une fuite effrénée entraîna des dizaines de milliers de femmes, d'enfants, de vieillards, se précipitant de la frontière austro-russe vers l'intérieur de leur pays. Région sur région tombèrent, en proie au désastre ; les ruines s'alignèrent là côté des tombes. Le nord de la France, la Serbie, la Pologne furent transformées en déserts. Paris trembla sous le tonnerre des canons. A Londres, des trésors artistiques irremplaçables durent être mis en sûreté contre les bombes dans les plus profondes des caves. Nous avons vu bombarder la célèbre cathédrale de Reims et dévaster Koenigsberg, la ville du philosophe Kant. Sur terre et sur mer la destruction faisait rage, la mort fit sa moisson à la fois parmi les combattants et parmi la population non-combattante. Des centaines de milliers jonchèrent les champs de bataille, moururent au fond des mers. Le fléau des épidémies se fit de plus en plus menaçant. La famine s'abattit sur l'Europe, accablant surtout l'Allemagne et l'Autriche où le blocus organisé produisit des effets toujours plus effroyables. Hommes affaiblis, femmes dépérissantes, enfants mourants — telle fut la forme de la détresse dans les pays que ménagèrent les terreurs des champs de bataille. La furie de la guerre bondit de pays en pays, de continent en continent. L'Asie, l'Afrique, l'Amérique furent de plus en plus engagées dans la catastrophe. Mais on continuait toujours à chanter la gloire de la guerre loin du feu. Et ce contraste de l'enthousiasme et du désespoir persista pendant toute la guerre — bien que la région du désespoir allât toujours s'agrandissant tandis que celle de l'enthousiasme diminuait.

Souvenez-vous bien de ce qui s'est passé. Et répondez à notre question : Laisserons-nous renouveler cette folie criminelle?

Des millions gisent au tombeau, des millions de mutilés vivent parmi nous, des millions d'enfants porteront toute leur vie la marque de la « grande guerre », des millions encore se trouvent sans travail, des millions souffrent la faim et la misère. Les ruines ne sont pas encore reconstruites, la production n'a pas encore repris sa marche, les ravages de la guerre demeurent visibles pour quiconque n'y ferme pas les yeux.

Mais déjà les fauteurs de guerre osent de nouveau sortir de l'ombre.

Ils comptent sur la courte mémoire des hommes. Ludendorff et Poincaré ont été battus aux élections de cette année. Mais, ne nous trompons pas ; plus le temps passe, moins il sera difficile de créer l'état d'esprit pour « remettre ça ».

C'est pourquoi, cette année où revient le dixième anniversaire de la guerre, vous devrez éveiller le souvenir de toutes les horreurs que nous avons dû subir et renforcer dans la conscience de tous la volonté que c'en soit à jamais *fini de la guerre*.

Mais, pour en finir, le *sentiment* de l'horreur de la guerre ne suffit pas. Il faut que les peuples en arrivent à *reconnaître* les causes de la guerre.

Aujourd'hui tout le monde sait comment le Conseil de la Couronne, à Vienne, avait, dès le commencement de juillet 1914, arrêté un plan pour déclencher la guerre, comment le Kaiser devint le complice et bientôt le chef de la bande de criminels qui, froidement, par calcul, mirent

le feu aux poudres. Nous savons que la guerre fut l'iné-
vitable résultat de la politique impérialiste faite depuis
une génération par les Etats capitalistes, et nous ne dou-
tons nullement que le Tsar, — dont l'état-major fut le premier à ordonner la mobilisation générale, — de même que
M. Poincaré et bien d'autres « hommes d'Etat » encore
eussent été capables du même crime — pourvu qu'ils eussent
cru le moment arrivé.

C'est pourquoi il ne nous suffit pas de condamner les
criminels, dont le crime est indubitablement prouvé dans
leurs propres documents officiels, mais il *faut mettre fin
à un système* qui, faisant renaître toujours des criminels
de guerre, continue de nous menacer de toutes les horreurs
de la barbarie.

Au crime d'avoir *déchaîné la guerre* ne fut pas inférieur
celui de l'avoir *prolongée*. L'idée de « défense » s'est vue
trahie par tous les belligérants. Dans tous les pays, le mot
d'ordre de « repousser l'ennemi » devint, plus ou moins
tôt, le cri de « *Victoire militaire.* » Tous étaient prêts à
continuer la guerre jusqu'à ce que la proie fût assurée.
On parlait de « droit des peuples à disposer d'eux-mêmes »
— on pensait à des *annexions* et à la *conquête de colonies*.
Le grand coup, les empires centraux l'ont manqué; les
Alliés l'ont réussi.

Pendant la guerre on proclamait qu'il fallait combattre
pour que cette guerre fût la *dernière des guerres*. Aujour-
d'hui nous voyons que le militarisme gagne encore en
vigueur. *La concurrence des armements*, interdite aux
vaincus, est au comble entre les vainqueurs. Le danger
d'explosion reste aussi grand que jamais.

Pendant la guerre on a annoncé que son résultat devrait
être la Société des Nations, qui, dorénavant, rendrait toute
guerre impossible. Mais l'organisation qui, aujourd'hui,
porte ce nom, hélas! combien est-elle loin de réaliser la
grande idée de *l'organisation pacifique du monde entier!*
Nous demandons que la Société des Nations soit ouverte
à toutes les nations, qu'elle devienne un instrument des
peuples plutôt que des gouvernements. Nous ne voulons
pas manquer aucune possibilité de s'entendre. Mais nous
savons bien ceci : *l'intérêt capitaliste se retrouvera tou-*

jours en opposition avec l'organisation pacifique du monde.
C'est pourquoi le danger de la guerre durera tant que durera le régime capitaliste.

Nous voulons travailler *contre l'esprit de guerre, contre la diplomatie secrète, pour le désarmement général, pour l'entente pacifique et l'arbitrage international.* Nous voulons réunir nos forces dans nos syndicats et nos coopératives, dans nos organisations politiques, dans les Parlements, au sein de la Société des Nations, et partout où nous saurons nous faire respecter. Nous voulons nous organiser internationalement pour préparer la résistance internationale sous toutes les formes, jusqu'à la grève générale. Mais nous savons bien que tout cela ne pourra que diminuer le danger de guerre, non pas le supprimer.

Tant qu'existera la machine monstrueuse du militarisme, tant que les pouvoirs capitalistes seront en état de la faire mouvoir, les travailleurs seront victimes des guerres. Par la force, par la pression économique et aussi par une propagande habile, on saura faire reprendre les armes aux masses, on réussira à en faire, — même contre leur propre volonté, — les instruments aveugles des fauteurs de guerre. Le refus personnel du service militaire demeurera toujours une démonstration impressionnante, mais ne saurait être une manifestation des masses vraiment capable d'empêcher le péril.

Il ne reste donc d'autre moyen que d'extirper à fond la possibilité de guerre : abolir l'ordre social du capitalisme. Le pouvoir aux mains des travailleurs dans tous les pays ne sera pas seulement la fin de l'exploitation mais aussi la fin des guerres.

C'est pourquoi nous vous invitons à rappeler, par des manifestations imposantes, à la conscience des masses, que le monde se trouve encore toujours devant le même abîme de crime et de folie qu'en juillet 1914.

Souvenez-vous du grand champion de la paix et du socialisme, souvenez-vous de la première victime de la grande guerre : Jean Jaurès !

Rappelez-vous les milliers de bons camarades qui nous furent arrachés, les milliers de mutilés qui pleurent leur force de travail, les souffrances des femmes et des enfants !

Rappelez-vous, travailleurs, et, tout d'abord, vous autres jeunes camarades, votre grand devoir historique. Jurez que vous ne vous lasserez jamais de mener la *guerre à la guerre!*

> La Fédération Syndicale Internationale (Amsterdam) ;
>
> L'Internationale Ouvrière Socialiste (Londres) ;
>
> L'Internationale des Jeunesses Socialistes (Berlin).

Amsterdam.

Le 14 juillet 1924, les Bureaux de la Fédération syndicale internationale (Amsterdam), et de l'Internationale ouvrière social:ste (Londres), se réunissaient en séance commune à Amsterdam pour examiner, avant la conférence de Londres entre les gouvernements anglais et français, les questions relatives au problème des réparations qui se posaient à propos du plan des experts, notamment sur la défense de la journée de huit heures.

Notre Parti était représenté par Léon Blum à cette conférence, où fut adoptée, à l'unanimité, la résolution ci-après :

La Conférence s'abstient d'examiner en ce moment dans son ensemble le problème des difficultés économiques et politiques dans lesquel es la guerre a plongé le monde. Ces questions ont été examinées par les Conférences d'Amsterdam, en avril 1921, par le Congrès de La Haye, en décembre 1922, et par le Congrès de Hambourg, en mai 1923, et les résolutions votées dans ces assemblées ont exposé en détail les vues du prolétariat. La Conférence se contente de rappe er que, sur les bases adoptées par la Conférence des cinq pays à Francfort, en mars 1922, les revendications suivantes ont été formulées :

1° La fixation définitive de la somme restant due par l'Allemagne à un chiffre représentant, en valeur actuelle, le montant effectif des réparations matérielles;

2° La détermination d'un système de payements qui, au moyen d'opérations internationales de crédit, permette, le plus promptement possible, de dégager l'Allemagne de sa dette, tout en mettant dès à présent à la disposition des puissances créancières les sommes nécessaires aux réparations ;

3° La conclusion, entre les gouvernements alliés, de conventions permettant d'affecter aux réparations proprement dites la totalité de versements ci-dessus déterminés, ce qui implique, de la part des puissances alliées et des Etats-Unis d'Amérique :

a) La renonciation à leurs créances sur l'Allemagne du chef des pensions militaires ;

b) L'annulation générale de leurs créances et dettes réciproques.

La Conférence déclare que le plan des experts contient diverses stipulations dans le sens des deux premières résolutions de Francfort, mais que, par contre, il ne satisfait nullement à la troisième. Elle déclare que ce plan résout le problème des réparations en imposant des charges proportionnellement beaucoup plus lourdes à la classe ouvrière qu'aux classes capitalistes d'Allemagne et en subordonnant à des influences capitalistes étrangères la régie des chemins de fer d'Etat.

Elle déclare que, pour cette raison, il est impossible de considérer ce plan comme répondant aux revendications des Internationales syndicale et socialiste.

Cependant, malgré les défauts et les lacunes du plan des experts, l'échec de l'action actuelle n'ouvrirait pas la possibilité d'une action plus heureuse, mais aggraverait, au contraire, de la manière la plus redoutable la crise actuelle de l'Europe. Dans ces conditions, la mise en œuvre du plan des experts apparaît aujourd'hui comme étant la seule solution immédiatement possible.

Les gouvernements intéressés sont, d'ailleurs, dès à présent, d'accord pour accepter sans réserves ni restrictions le plan Dawes, ce qui comporte l'évacuation économique de la Ruhr, y compris Dusseldorf, Ruhrort et Duisbourg, dès que les conditions fixées par le plan Dawes seront réalisées.

D'autre part, toute tentative de prolonger l'occupation militaire au delà de l'occupation économique aurait pour conséquence :

1. De maintenir l'état de trouble et d'insécurité qui empêche le rétablissement de la paix et la restauration de l'Europe ;

2. De compromettre l'exécution même du plan des experts en empêchant la confiance que ceux-ci jugent indispensable pour assurer son succès.

En conséquence, la Conférence réclame la cessation de l'occupation militaire des territoires visés ci-dessus en même temps que de l'occupation économique.

La Conférence demande aussi que l'Allemagne soit invitée par la Conférence de Londres dans des conditions telles que le système de la contrainte soit enfin remplacé par le système des négociations entre Etats égaux en droits.

La Conférence proclame la nécessité, pour tous les pays, de ratifier sans délai la convention de Washington sur les huit heures. Prenant acte de ce que le plan Dawes exclut implicitement toute atteinte portée au régime des huit heures en Allemagne, elle réclame un accord sur l'application du rapport assurant la maintien de la journée de huit heures en Allemagne et demande que, conformément à la résolution unanime de groupe ouvrier à la récente Conférence internationale du travail à Genève, le Bureau international du travail continue ses efforts pour assurer la journée de huit heures.

Par-dessus tout, la Conférence demande que le plan Dawes soit complété aussitôt que possible par des mesures qui tiennent compte de la résolution de Francfort dans toutes ses parties.

Londres.

Huit jours après la manifestation internationale contre la guerre, annoncée par le manifeste commun cité plus haut, avait lieu, à Londres, une nouvelle réunion du Comité exécutif de l'I. O. S., qui tenait ses séances du 29 au 30 septembre.

Bracke et Longuet y assistèrent.

A propos du 60° *anniversaire de l'Internationale*, le manifeste suivant était adopté et communiqué à toute la presse du Parti :

AUX TRAVAILLEURS DE TOUS LES PAYS

Il y a aujourd'hui soixante ans que fut fondée, à Saint-Martins Hall, à Londres, la première « Association internationale des Travailleurs ». A cette date historique, le Comité exécutif de l'Internationale ouvrière socialiste se réunit en assemblée solennelle à l'endroit même où naquit la première organisation internationale du prolétariat.

Il y a soixante ans, les principes qui n'ont pas cessé de guider notre lutte ont été formulés dans ce document classique qu'est l'Adresse inaugurale de l'Association internationale des Travailleurs. Il y a soixante ans que fut exprimée pour la première fois, cette sol.darité fondamentale qui existe entre le mouvement po!itique ouvrier et socialiste et les intérêts de la lutte quotidienne menée par les syndicats. Aujourd'hui, les idées dont s'inspirèrent les hommes du Saint-Martins Hall ont pris corps dans les puissantes organisations fortes de millions d'hommes que constituent la *Fédération syndicale internationale* et *l'Internationale ouvrière socialiste.*

Il y a soixante ans, l'Adresse inaugurale déclarait : « Le bill des d.x heures ne fut donc pas seulement un succès pratique; ce fut aussi le triomphe d'un principe. » Aujourd'hui les trava.lleurs de tous les pays sont entrés dans la lutte décisive pour établir définitivement la journée de *huit heures.* Cet énorme progrès réalisé par la classe ouvrière non seulement en Angleterre, mais jusque dans des pays peu industrial sés, est le symbole des grands succès remportés dans la législation sociale par soixante ans de lutte intrépide.

L'Adresse inaugurale a célébré le mouvement coopératif comme une grande victoire du travail sur le capital. Combien cette branche du mouvement ouvrier a dépassé ces débuts de jadis, nous l'avons reconnu avec joie dans le grand succès que l'Alliance Coopérative Internationale vient d'enregistrer cet été par son Congrès et par son exposition à Gand.

« La conquête du pouvoir politique est donc devenue le premier devoir de la classe ouvrière. » Voilà ce que déclarait l'Adresse inaugurale il y a soixante ans, et elle tirait une espérance du fait que le mouvement ouvrier, après la période de réaction, commençait à revivre non seulement en Angleterre, mais aussi sur le continent. Aujourd'hui le président du Parti travailliste anglais, qui est le Premier ministre de l'Empire britannique, envoie son salut à notre fête; aujourd'hui la classe ouvrière se trouve, dans beaucoup d'autres pays, au seuil du pouvoir politique.

Nous sommes encore loin du but que l'Adresse inaugurale nous a proposé. Dans aucun pays la classe ouvrière ne tient encore en mains le pouvoir réel. Partout où il existe des gouvernements ouvriers, ce sont des formes quelconques de gouvernements de minorité. Gouvernements de minorité fondés sur des combinaisons parlementaires comme en Angleterre et au Danemark, ou fondés sur les baïonnettes qui se d'rigent même contre une partie de la c'asse ouvrière comme en Russie. Le véritable but de l'Adresse inaugurale ne sera atteint que lorsque les prolétaires, qui forment la véritable majorité des peuples, se seront éve.llés à la conscience de leur situation et de leur devoir, lorsque ces prolétaires, comme le dit l'Adresse inaugurale, auront compris que « le nombre ne pèse dans la balance que s'il est uni par l'association et guidé par le savoir ». Alors le moment sera venu où, sur les bases sol'des de la démocratie, les destinées du monde seront dirigées par l'énorme majorité dans l'intérêt de l'énorme majorité de l'humanité.

« Si l'affranchissement des travail'eurs demande, pour être assuré, leur concours fraternel, comment peuvent-ls remplir cette grande mission, si une politique étrangère mue par de criminels desseins et mettant en jeu les préjugés nationaux. répand dans des guerres de pirates le sang et l'argent du peuple ? » C'est la question que l'Adresse inaugurale a posée il y a soixante ans, et elle y a répondu que « les empiètements immenses et sans obstacles de cette puissance barbare, dont la tête est à Saint-Pétersbourg et dont on retrouve la main dans tous les cabinets de l'Europe, ont appris aux travailleurs qu'il leur falla't se mettre au courant des mystères de la politique internationale, surveiller la conduite dip'omatique de leurs gouvernements respectifs, la combattre, au besoin par tous les moyens en leur pouvoir ». La tête de cette politique crim'nelle d'alors est tombée. Le tsarisme est mort. Les dernières autocraties se sont effondrées. Mais nous sommes loin de voir réalisées dans la pol'tique extérieure les revendications de l'Adresse inaugurale considérant « les lois de la morale et de la justice qui doivent gouverner les relations des individus comme la règle suprême des rapports entre les nations ». Trop de gouvernements encore poursuivent des desse'ns criminels, trop de préjugés nationaux encore sont mis en jeu ; le danger existe encore que le sang et l'argent du peuple soient répandus dans des guerres de pirates. Nous avons encore le devoir de consacrer notre vie aux grands buts que la première Internationale a fixés, nous avons encore à lutter « pour une soc'été nouvelle, qui ne connaisse d'autre politique, à l'intérieur que le travail, à l'extérieur que la paix ».

Il y a soixante ans, le symbole du droit des peuples à disposer d'eux-mêmes était la revendication d'indépendance de la Pologne. Cette indépendance est établie. Aujourd'hu' nous nous conformons à ce principe de l'Internationale en réclamant le droit de libre disposition pour la Géorgie, comme symbole de tous les peup'es soum's au régime de la force.

Ce furent des exilés, victimes de la réaction continentale qui, il y a soixante ans, ont, avec les syndicats anglais, fondé l'Internationale. Les geôles de la réaction existent toujours et même elles sont, en p'us d'un pays, plus barbares qu'il y a soixante ans. Mais une douleur bien plus amère nous saisit à voir maintenus, à côté des bastilles de la réaction, les pr'sons et les lieux d'exil de la Russie tsariste. Et à cette heure solennelle, en mémoire de Karl Marx qui nous a donné l'Adresse

Inaugurale, en mémoire de tous ceux qui sont morts dans les cachots pour notre cause, nous saluons ceux de nos camarades qui languissent dans les prisons du fascisme en Italie, en Hongrie, en Espagne, ceux qui sont dans les prisons bolchevistes ou exilés dans les îles Solovetzky, nous saluons nos grands morts, nous pleurons notre ami assassiné, Matteotti, nous songeons, l'âme en deuil, aux otages socialistes mis à mort en Géorgie. C'est ainsi qu'en cet anniversaire de l'Internationale, à l'extrême joie vient se mêler la plus profonde douleur. Cette douleur, c'est d'être obligés de protester contre les persécutions non seulement de nos ennemis capitalistes mais aussi de ceux qui jadis furent unis avec nous.

Mais la période des erreurs sera surmontée comme le fut le Bakounisme d'il y a cinquante ans. Et cela se fera d'autant plus tôt que la Russie sera plus tôt délivrée de son isolement. Le traité que la Grande-Bretagne est en train de conclure avec la Russie peut être un pas important dans ce sens.

Quelques douloureux événements que nous ayons dû vivre, nous pouvons malgré tout nous livrer aujourd'hui, en dépit de tout, à notre joie de voir s'accroître et se développer le mouvement international, à la joie de voir devenir une réalité vivante ce qui était pour les hommes du Saint-Martins Hall une conviction et une espérance.

« Il est un élément de succès que ce Parti possède : il a le nombre. »

Voilà ce que proclamait encore l'Adresse inaugurale. C'est sur cet élément de succès que nous avons fait reposer l'œuvre de notre Internationale ouvrière socialiste. Ce n'est pas une espèce de « despotisme éclairé » d'un groupe de minorité prolétarienne qui pourra nous apporter l'ordre nouveau du socialisme. Ce ne sont que les masses elles-mêmes, pénétrées de l'esprit socialiste. C'est pourquoi à cette heure solennelle nous vous appelons, vous qui n'êtes pas encore des nôtres, à venir rejoindre les rangs de l'armée militante du travail.

Bienvenus sont pour nous tous ceux qui sont prêts à reconnaître les décisions de la majorité de la classe ouvrière, à mener, sur la base du droit des travailleurs à disposer d'eux-mêmes, la lutte contre le capitalisme destructeur des peuples. Nos forces grandissent, nos rangs se serrent. C'est avec au cœur une confiance nouvelle dans la victoire que nous vous crions, comme il y a soixante ans : Prolétaires de tous les peuples, unissez-vous !

Le Comité exécutif de l'Internationale
ouvrière socialiste.

Londres, le 28 septembre 1924.

La Situation dans les Balkans.

A la suite de l'exposé fait par Vandervelde des observations qu'il a recueillies au cours d'un voyage dans les Balkans, et l'étude de bon nombre de documents reçus sur le même sujet, la résolution suivante a été votée :

La guerre et les traités, basés sur le droit de la force, qui en ont été la conséquence, ont provoqué dans ces pays des mouvements de population qui contiennent de redoutables menaces pour la paix internationale.

En Grèce, plus de 1.200.000 réfugiés de l'Asie Mineure, pour la plupart privés de toutes ressources, sont à la charge d'un peuple de cinq millions d'hommes.

En Bulgarie, les émigrés et les réfugiés de la Dobrudja, de la Stroumitza, de la Macédoine et de la Thrace sont au nombre de 400.000.

Beaucoup d'entre eux, récemment arrivés dans le pays, pour échapper aux vexations, aux dénis du droit des minorités, aux menaces et aux violences dont ils étaient victimes, se trouvent dans un état de détresse effroyable : des familles entières encombrent des salles d'école où elles vivent dans une déplorable promiscuité ; d'autres, logées dans des abris provisoires, restent à peu près dépourvues des moyens d'existence normale.

Cet afflux de réfugiés et d'émigrés, dans des pays déjà éprouvés par la guerre, n'a pas seulement des conséquences désastreuses pour les intéressés eux-mêmes. Il exerce, par la concurrence de milliers de sans-travail, une action déprimante sur le taux des salaires de tout le prolétariat et fournit un terrain de propagande favorable aux éléments de violence et aux partis militaristes ou nationalistes qui menacent la paix extérieure et maintiennent contre la démocratie un régime de force et une dictature de minorité.

Déjà, au cours de l'année 1914, la Conférence de Bucarest des partis socialistes de Bulgarie, de Yougoslavie et de Roumanie a délibéré sur tous ces problèmes. Elle a réclamé l'amnistie générale, la reconnaissance effective du droit des minorités nationales, et a invité, d'autre part, les partis socialistes intéressés à ne négliger aucun effort pour empêcher les incidents de frontières qui menacent la paix balkanique.

L'Internationale, dans sa Conférence de Vienne, a ratifié ces décisions et confirme l'ordre du jour qu'elle a voté dans ce sens. Elle invite, en outre, tous les partis affiliés, et spécialement ceux de France et de Grande-Bretagne, à faire effort pour que, par l'intervention de la Société des Nations, les droits des minorités soient efficacement garantis et que les

avances déjà accordées par la Société des Nations pour venir
en aide aux réfugiés soient augmentées en proport'on de
l'énormité des misères dont ils souffrent et des charges écra-
santes qu'ils imposent aux peuples qui doivent les accueillir.

Sur la Géorgie.

Une fois de plus, devant l'obstiné terrorisme, violateur
du droit des peuples et contempteur des traités signés que
continue à pratiquer le bolchevisme moscovite, le Comité
exécutif a élevé sa protestation dans un texte présenté, de
commun accord, par le Géorgien Tseretelli et le Russe
Abramovitch. Le voici :

Le Comité exécutif de l'I. O. S. a appris avec un sentiment
d'horreur la répression violente de l'explosion de désespoir du
peuple de Géorgie par le gouvernement russe, qui déjà, en
février 1921, violant un traité solennellement conclu, a attaqué et conquis la Géorgie en pleine paix.

Méprisant les réclamations de nos camarades géorg'ens et
de toute l'Interationa'e socialiste, les dirigeants bolcheviks
ont toujours refusé de conférer le droit de disposer de lui-
même au peuple géorgien. Par le régime despotique de dictature d'un parti qui prohibe toute activ'té politique des autres
partis, ils ont rendu impossible tout développement pacifique
du peup'e de Géorgie et tout règlement de la question géorgienne. Par l'emp'oi de telles méthodes ils ont poussé les
ouvriers, les paysans et les intellectuels de Géorgie au désespoir. L'assassinat de douzaines d'otages soc'alistes qui ne pou-
vaient avoir aucune responsab'lité dans le soulèvement, puisqu'ils étaient emprisonnés les uns des mois et les autres des
années auparavant, est un acte d'une aussi hideuse cruauté
que les pires qui ont été commis par l'impérialisme cap'taliste
pendant la guerre.

L'Exécutif élève sa protestation devant les travailleurs du
monde entier contre la répress'on qui continue. Les partis
socialistes russes ont rempli leur devoir internationaliste et
prolétarien, en déclarant, imméd'atement après que fut con-
nue la répression de l'insurrection géorgienne, que la section
de la classe ouvrière russe qui appartient à notre Internat'o-
nale n'a aucune responsabilité dans les actes barbares du gouvernement russe actuel et qu'avec toute l'Internationale ouvrière socialiste elle reconnaît le p'ein dro't de la Géorgie de
disposer d'elle-même. Défendre le droit de libre détermination
est une obligation d'honneur pour toute l'Internationale au-

»jourd'hui, comme la défense de la Pologne fut assumée par la première Internationale.

L'Exécutif invite tous les partis affiliés à user de toute leur énergie auprès des trava lleurs de tous les pays pour qu'ils soutiennent les revendications du peuple géorgien :

Retrait des armées russes de Géorgie.

Libre référendum du peuple géorgien.

Sur les prisonniers des îles Solovietzki.

La résolution qui suit, votée également à l'unanimité, n'a peut-être pas été sans contribuer au léger allègement de souffranc s qui a permis aux captifs socialistes de mettre un terme à leur grève de la faim.

Le Comité exécut f de l'Internationale ouvrière socialiste envoie ses salutations fraternelles et l'assurance de sa chaude sympathie aux héroïques martyrs socialistes qui font maintenant la grève de la faim dans les prisons des î es Solovietzki, dans le but de contraindre un gouvernement soi-disant socialiste à observer les commandements de l'humanité dans le traitement de ses pr sonniers.

L'Exécutif a décidé que les partis affiliés prendront imédiatement l'initiative d'une act on énergique dans la classe ouvrière pour obtenir une amnistie générale pour les prisonniers politiques en Géorgie.

Le Meeting.

Jean Longuet a pris la parole au nom de notre Parti au meeting monstre organisé au Lyceum Theatre de Londres, le 28 septembre, pour commémorer le 60ᵉ anniversaire de la fondation de l'*Association internationale des Travailleurs*.

A la Maison de Karl Marx.

L'Exécutif de l'I. O. S., avec les membres de la Première internationale, réunis à Londres, se rendait, le même jour, au cimetière de Highgate pour déposer sur la tombe du grand penseur qui, ayant perdu toute nationalité, est devenu le concitoyen du prolétariat international, une couronne et des bouquets d'œillets rouges.

Puis, assemblés devant la maison où mourut Karl Marx, Maitland Park Road, 41, les membres des Partis socialistes de tous les pays entendirent l'hommage rendu au génial ouvrier de la science révolutionnaire par les trois orateurs que l'Exécutif avait désignés : en allemand, par Karl Kautsky; en anglais, par Belfort-Bax; en français, par Bracke.

Hommage à Karl Kautsky.

Ne pouvant se réunir à nouveau pour fêter, le 16 octobre, le 70° anniversaire de Karl Kautsky, les représentants de l'Internationale, anticipant un peu sur le calendrier, ont profité de la présence de Kautsky au milieu d'eux pour lui apporter, dans un banquet fraternel, le 29 septembre, le salut tour à tour de toutes les nations socialistes.

C'est Bracke, au nom du Parti socialiste S. F. I. O., qui a dit, à son tour, à Kautsky les sentiments d'affectueuse reconnaissance qu'ont pour lui les militants de France, qui ont tant appris dans ses ouvrages et tant puisé d'exemples d'énergie, de courage et de passion pour la vérité dans son action.

Le Congrès international de 1925.

Camarades, c'est au Parti socialiste, section française de l'Internationale ouvrière, que l'Internationale reconstituée à Hambourg a confié la tâche d'organiser, en France, ce qui sera en réalité son premier Congrès international cette année.

Vous sentez, nous en sommes certains, aussi profondément que nous l'avons senti nous-mêmes, l'honneur que fait à notre Parti, par cette marque de confiance, la classe ouvrière de tous les pays. Elle a voulu avant tout, on peut l'affirmer, reconnaître les efforts que les socialistes de France ont fait pour assurer, autant qu'il est possible, la paix du monde et qui se sont attestés principalement dans le changement d'orientation de la politique européenne amené par les résultats des élections du 11 mai.

Les camarades de tous pays nous rendent par là témoignage qu'ils comprennent les sacrifices faits par notre Parti à la cause commune, au prix même de quelques difficultés dans notre propagande et dans notre action intérieure.

Il vous appartient de recevoir dignement les représentants du prolétariat en 1925, non seulement en organisant leurs assises le plus commodément et le plus confortablement qu'il se pourra, mais surtout en leur donnant le spectacle d'un parti en progrès constant de recrutement, maître de lui-même, poursuivant en toute clarté et toute indépendance, la main dans la main des partis ouvriers de toutes les nations, la lutte de classe libératrice.

BRACKE — Jean LONGUET.

Rapport du Groupe Socialiste
AU PARLEMENT

présenté par Léon Blum

Nos camarades des Fédérations trouveront ci-dessous les informations et les renseignements statistiques qui leur permettront d'apprécier l'activité politique du groupe et de chacun de ses élus. Je me bornerai ici à rappeler que les élections ont eu lieu le 11 mai, que la Chambre ne s'est réunie qu'au commencement de juin, qu'elle s'est séparée à nouveau après quelques semaines de session remplies en grande partie par la lutte contre Millerand, par l'élection présidentielle, par la discussion de l'amnistie, par les débats d'après Londres, que la session extraordinaire n'a été convoquée qu'en novembre et que ses travaux ont été presque entièrement absorbés par la discussion du budget de 1925. Nous ne sommes donc encore qu'à un début de législature, obstrué par des débats de première urgence, et ainsi s'explique que l'organisation du groupe, ni au point de vue de son travail intérieur ni au point de vue de la propagande générale dans le pays, n'ait pu jusqu'à présent être poussée jusqu'à un jeu parfaitement harmonieux.

Le Groupe se compose pour plus des deux tiers de nouveaux élus, dont la plupart, soit dit en passant, ont déjà fait à la tribune de brillants ou d'utiles débuts, et dont quelques-uns nous donnent les plus grands espoirs. Dès sa constitution, il s'est trouvé jeté en pleine bataille, puis, presque aussitôt, dispersé par de longues vacances. On ne doit point s'étonner s'il lui reste encore des progrès à accomplir pour l'ordre, la cohésion, l'activité réglée, et le Groupe lui-même demande au Parti de suspendre à cet égard son jugement. En ce qui concerne notamment la propagande, une double organisation de roulement hebdomadaire et de tournées massives, tout à fait analogue à celle qui avait été proposée et adoptée à Strasbourg en 1920, est mise en œuvre depuis quelques semaines seulement, et c'est assez dire qu'elle n'a pu rendre encore ses pleins résultats. En plein accord avec le secrétariat du Parti, le Groupe s'appliquera à en assurer le fonctionnement régulier dès le début de l'année 1926. Je suis également convaincu qu'il tiendra l'engagement pris en juin par un très grand nombre de ses membres au sujet du concours à prêter à la propagande de la Fédération de la Seine.

Le Groupe a eu cette bonne fortune, d'ailleurs souhaitée et en quelque mesure provoquée par lui, qu'en juin et en novembre, immédiatement avant la convocation des sessions ordinaire et extraordinaire de la nouvelle Chambre, un congrès et un conseil national aient défini les principes généraux de la politique qu'il devait pratiquer. Il est assurément inutile de les rappeler ici, et de reproduire des textes qui sont encore assurément dans toutes les mémoires. Mais si le Parti tout entier, à notre grande satisfaction est demeuré l'inspirateur et le directeur, c'est le Groupe qui, par la force des choses, est l'exécutant. Nous connaissons les intentions du Parti, qui les a clairement exprimées ; nous trouvons une grande satisfaction à les sentir d'accord avec les nôtres ; mais cependant, c'est à nous, à nous seuls dans la plupart des cas, qu'il appartient de les traduire en actes et plus précisément en votes. Or, cette traduction comporte des difficultés presque quotidiennes, difficultés que, dans toute la mesure du possible, nous avons à résoudre par un accord unanime. De là, de très nombreuses réunions du Groupe, plus nombreuses assurément et plus prolongées que je ne me souviens d'en avoir connu à aucun moment de la précédente législature, et qui ont même risqué d'excéder par leur fréquence nos camarades nouvellement élus. Elles nous ont permis de prévenir ou de résoudre un grand nombre de cas embarrassants mais elles ont évidemment absorbé dans une très large proportion le temps et l'activité des élus.

C'est au Parti qu'il appartiendra de décider comment nous avons surmonté ces difficultés d'exécution, que je puis dire quasi quotidiennes. L'action politique à laquelle le Groupe s'est appliqué, conformément aux décisions du Parti, depuis la formation du cabinet Herriot, est, je le crois bien, sans précédent dans notre histoire parlementaire. Nous soutenons le Ministère, mais sans aucune collaboration, ni même sans aucun concert régulier avec lui. Nous avons pris place dans la majorité, mais sans qu'aucune convention, aucun pacte permanent nous lient aux autres groupes qui la composent, sans même qu'aucun organisme commun nous permette de délibérer et de régler une action coordonnée. Que personne dans le Parti ne cherche dans les expressions dont je me sers ici une critique ou un regret dissimulés, rien ne serait plus loin de notre pensée ; notre seul objet est de faire clairement sentir au Parti l'extrême complexité de la mission qu'il nous a confiée.

Du fait que le Gouvernement ne peut pas, et d'ailleurs ne veut pas, vivre sans nos voix, du fait que le Parti nous a donné le mandat d'assurer et de prolonger sa vie dans toute la mesure où il resterait fidèle à son propre programme, nous nous sommes trouvés plus d'une fois, depuis le début de la législature, devant cette alternative : assumer la responsabilité, soit des actes du Gouvernement, soit de sa chute, ou bien endosser, par nos votes dont son existence dépendait, des actes contraires à nos principes, à nos traditions, à nos préférences, ou bien ouvrir une crise de ministère et de majorité qui eût gravement pesé sur l'orientation politique de toute la législature. Les conditions de la vie parlementaire ne nous permettaient même pas de prévoir dans tous les cas l'occasion et le moment précis où ce choix se lèverait devant nous. A maintes reprises, nous nous sommes trouvés dans l'incapacité matérielle de convoquer au préalable le Groupe, ou même sa Commission exécutive, de délibérer, non seulement avec les autres groupes, mais entre nous. L'attitude à prendre, le vote à émettre, il fallait en quelque sorte — je m'excuse de cette métaphore militaire — les improviser sous le feu. Et je n'ai pas besoin d'ajouter que ces difficultés, inhérentes à notre politique menée, ont été volontairement et constamment aggravées par l'opposition réactionnaire, d'une part, par les communistes, de l'autre. La réaction, qui veut abattre le Gouvernement, qui veut surtout reconquérir le terrain perdu au 11 mai, qui sait que le plus sûr moyen d'arriver à ses fins est de déterminer une scission entre le Gouvernement et le Groupe socialiste, cherche, provoque ou envenime toute occasion où le vote de confiance nous deviendrait particulièrement pénible; les communistes qui veulent avant tout nous discréditer auprès de la classe ouvrière, qui veulent pouvoir nous représenter comme servilement dévoués à un gouvernement bourgeois — dévoués jusqu'à trahir nos propres principes — cherchent, provoquent ou enveniment toute occasion où le vote de confiance deviendrait, pour nous, particulièrement compromettant. On spécule d'une part sur notre fidélité à nos doctrines pour viser le ministère et la majorité; d'autre part, sur notre loyauté vis-à-vis du gouvernement et de la majorité pour viser le socialisme lui-même... Nous nous sommes vus, presque chaque jour, dans l'obligation de déjouer ces deux manœuvres, je ne dirai pas concertées mais assurément concordantes, qui nous enserraient dans leur redoutable dilemme.

Nous les avons déjouées de notre mieux, quelquefois, nous en convenons, par de purs artifices parlementaires, le plus souvent par la franchise et la carrure même de notre attitude. Quand nous avions le moyen de prévoir et le temps matériel de nous préparer, la tâche était moins ardue, et en ce cas, l'unité de vote a été généralement observée. Le Groupe avait pris, soit unanimement, soit à la majorité, une résolution devant laquelle tous ses membres s'inclinaient. Mais, à plus d'une reprise, et quelle que puisse être notre vigilance, nous avons été pris au dépourvu. De là des flottements, dus précisément à la surprise, à la nécessité d'improviser une décision dans les pires conditions matérielles, parmi le tumulte des opinions hâtivement opposées, sous le regard de nos adversaires, et sentant anxieusement peser sur nous chaque minute qui s'écoulait... Pour apprécier équitablement comment nous avons rempli notre tâche, nos camarades des Fédérations sauront faire un effort d'imagination et se représenter le spectacle, qui commence à nous devenir familier. Ils se rendront compte qu'aucun de nous, quelle qu'ait pu être, dans certaines occasions, la divergence de nos vues ou même de nos votes, n'a jamais eu en vue que l'intérêt du Parti, le service du socialisme. Et le Groupe tient à en donner au Parti une dernière assurance au moment même où il se soumet à son jugement.

Travaux, Réunions et Interventions du Groupe

résumés par ANDRÉ BLUMEL, *secrétaire administratif,*

et approuvés par le Groupe le 23 décembre

Les Fédérations trouveront ci-dessous le résumé des travaux et interventions des membres du Groupe socialiste au Parlement depuis le 1ᵉʳ juin 1924, date à laquelle commence la treizième législature de la Chambre, jusqu'au 15 décembre 1924.

La victoire du 11 mai avait formé un Groupe socialiste au Parlement presque double du précédent; peu après sa constitution, vinrent s'ajouter à ses membres quatre députés, les citoyens *Auray, Barabant* et *Ponard,* dont les Fédérations ou les Groupes s'affilièrent au Parti socialiste S. F. I. O., et le citoyen *Puechmaille,* qui donna son adhésion individuelle.

Le 17 août dernier, *Gardiol* était élu député des Basses-Alpes en remplacement de notre regretté camarade Aillaud, décédé le 27 mai.

D'autre part, les sénateurs socialistes, qui avaient perdu le citoyen *Bouveri,* devenu député le 11 mai, se voyaient renforcés de deux nouveaux membres, le citoyen *Bruguier* qui, élu à une élection partielle du Gard comme républicain socialiste, entra peu après au Parti, et le citoyen *Betoulle,* député de la Haute-Vienne, élu le 14 décembre au premier tour de scrutin.

Au 15 décembre, le Groupe socialiste au Parlement comprenait 110 membres : 104 députés et 6 sénateurs dont voici la liste :

Liste des Membres du Groupe socialiste
au Parlement

Députés : *Albert Paulin* (Puy-de-Dôme), *Antonelli* (Haute-Savoie), *Auray* (Seine), *Vincent Auriol* (Haute-Garonne), *Barabant* (Côte-d'Or), *Barbin* (Sarthe), *Edouard Barthe* (Hérault), *Basly* (Pas-de-Calais), *Beauvillain* (Nord), *Bedouce* (Haute-Garonne), *César Bernard* (Pas-de-Calais), *Léon Blum* (Paris), *Bonin* (Saône-et-Loire), *Boudet* (Allier), *Bouisson* (Bouches-du-Rhône), *Bouveri* (Saône-et-Loire), *Jean Breton* (Rhône), *Briffaut* (Nord), *Brigault* (Indre-et-Loire), *Buisset* (Isère), *Cadenat* (Bouches-du-Rhône), *Cadot* (Pas-de-Calais), *Calmon* (Lot), *Camille Bénassy* (Creuse), *Canavelli* (Bouches-du-Rhône), *Capgras* (Tarn-et-Garonne), *Hubert Carmagnolle* (Var), *Cayrel* (Gironde), *Chacun* (Deux-Sèvres), *Charles Baron* (Basses-Alpes), *Chastanet* (Isère), *Chauly* (Haute-Vienne), *Chaussy* (Seine-et-Marne), *Claussat* (Puy-de-Dôme), *Cluzel* (Hautes-Alpes), *Compère-Morel* (Gard), *Coppeaux* (Nord), *Couteaux* (Nord), *Victor Darme* (Rhône), *Gustave Delory* (Nord), *Sully Eldin* (Ardèche), *Léon Escoffier* (Nord), *Raoul Evrard* (Pas-de-Calais), *Jean Félix* (Hérault), *Ferrand* (Pas-de-Calais), *Février* (Rhône), *Fontanier* (Cantal), *Eugène Frot* (Loiret), *Gamard* (Nièvre), *Gardiol* (Basses-Alpes), *Richard Georges* (Loire-t-Cher), *Georges Weill* (Bas-Rhin), *Gerboud* (Rhône), *Goniaux* (Nord), *Goude* (Finistère), *Gouin* (Bouches-du-Rhône), *Gros* (Vaucluse), *Héliès* (Indre), *Heuzé* (Sarthe), *Hubert-Rouger* (Gard), *Jean Martin* (Seine), *Labatut* (Haute-Garonne), *Lebas* (Nord), *François Lefebvre* (Nord), *Lobet* (Marne), *Jean Locquin* (Nièvre), *Maës* (Pas-de-Calais), *Marquet* (Gironde), *Masson* (Finistère), *Mistral* (Isère), *Ferdinand Morin* (Indre-et-Loire), *Marius Moutet* (Rhône), *Jules Nadi* (Drôme), *Nicollet* (Ain), *Nouelle* (Saône-et-Loire), *Jean Parvy* (Haute-Vienne), *Paul-Boncour* (Tarn), *Ponard* (Jura), *Paul Constans* (Allier), *Paul Faure* (Saône-et-Loire), *Jean Payra* (Pyrénées-Orientales), *Peirotes* (Bas-Rhin), *Pélissier* (Aude), *Plet* (Nord), *Paul Poncet* (Seine), *Pouzet* (Charente-Inférieure), *Pressemane* (Haute-Vienne), *Puech-maille* (Allier), *Renaudel* (Var), *Auguste Reynaud* (Var), *Jean Rieux* (Haute-Garonne), *Etienne Rognon* (Rhône), *Saint-Venant* (Nord), *Albert Sérol* (Loire), *Sizaire* (Tarn), *Charles Spinasse* (Corrèze), *Henri Tasso* (Bouches-du-Rhône), *Théo Bretin* (Saône-et-Loire), *Isidore Thivrier* (Allier), *Tilloy* (Seine-Inférieure), *Jules Uhry* (Oise), *Valière* (Haute-Vienne), *Varenne* (Puy-de-Dôme), *Lucien Voilin* (Seine).

Sénateurs : *Betoulle* (Haute-Vienne), *Brenier* (Isère), *Brugnier* (Gard), *Fourment* (Var), *Reboul* (Hérault), *Valette* (Drôme).

Bureau de la Chambre et des Commissions

Le bureau de la Chambre comprend plusieurs de nos camarades socialistes : *Alexandre Varenne* et *Fernand Bouisson*, sont vice-présidents ; *Hubert Rouger* et *Marquet*, secrétaires ; *Barthe*, questeur.

Nos camarades occupent également des fonctions importantes dans le bureau des grandes Commissions, sauf à la Commission de l'armée.

Le citoyen *Heuzé* est vice-président, et les citoyens *Auray* et *Chacun* sont secrétaires de la Commission de l'administration générale, départementale et communale.

A la commission des affaires étrangères, *Mistral* est vice-président et *Fontanier*, secrétaire.

La Commission de l'agriculture a désigné comme vice-président *Compère-Morel*, et comme secrétaires, *Chaussy* et *Valière*.

Goniaux et *Gouin* sont secrétaires de la Commission de l'Algérie, des colonies et des protectorats.

La Commission d'Alsace-Lorraine a pris *Georges Weill* comme vice-président et *Capgras* et *Spinasse* comme secrétaires.

La Commission d'assurances et de prévoyance sociales est présidée par *Voilin* ; elle a comme secrétaires *Ferdinand Morin* et *Nadi*.

Henri Tasso est vice-président de la Commission du

commerce et de l'industrie, dont *Georges Richard* est secrétaire.

La Commission des comptes définitifs et des économies a élu comme vice-présidents *Louis Héliès* et *Camille Bénassy*, et comme secrétaires *Chacun, Chastanet et Auray.*

Barthe et *Cadenat* sont vice-présidents de la Commission des douanes, dont *Tilloy* est secrétaire.

César Bernard assure la vice-présidence de la Commission de l'enseignement et des beaux-arts, dont *Marquet, Nouelle* et *Rieux* sont les secrétaires.

La Commission des finances, la plus importante des Commissions de la Chambre, est présidée par *Vincent Auriol.*

Elle a désigné comme rapporteurs spéciaux : de l'Alsace-Lorraine et des chemins de fer d'Alsace-Lorraine : *Marius Moutet*; de l'enseignement technique : *Locquin;* de l'agriculture : *Compère-Morel*; des travaux publics : *Alexandre Varenne.*

Elle a choisi comme rapporteurs des budgets annexes : pour les poudres : *Bedouce,* et pour l'Ecole Centrale : *Locquin.*

Claussat préside les délibérations de la Commission de l'hygiène, dont *Valière* est vice-président; *Payra* et *Barbin,* secrétaires.

La Commission de la législation civile et criminelle a désigné comme vice-président *Uhry*, et comme secrétaires *Sérol* et *Frot.*

Bouisson préside la Commission de la marine marchande, dont *Cayrel* et *Masson* sont vice-présidents, et *Henri Tasso* et *Félix,* secrétaires.

La Commission de la marine militaire a choisi comme vice-présidents *Goude* et *Pouzet,* et comme secrétaires *Reynaud* et *Gamard.*

Charles Baron préside la Commission des mines et de la force motrice, assisté de *Basly* et de *Bouveri,* comme vice-présidents; de *Thivrier, Sixaire et Maes,* comme secrétaires.

Evrard, Goniaux et *Escoffier* assument la vice-présidence de la Commission des régions libérées, qui a pris, en outre, comme secrétaires, *Cluzel* et *Uhry.*

La Commission du travail a désigné comme vice-président *Lebas*, et comme secrétaires, *Chaussy, Saint-Venant* et *Evrard*.

Bedouce préside la Commission des Travaux publics et des Moyens de communication dont *Lobet* est le vice-président, *Chastanet, Darme* et *Héliès*, les secrétaires.

En ce qui concerne les autres commissions, *Varenne* préside la Commission du Règlement, assisté de *Barabant* comme vice-président, de *Pélissier* et de *Chastanet* comme secrétaires.

Valière a été choisi comme vice-président par la Commission des marchés et des spéculations, qui a désigné comme secrétaires *Cluzel, Thivrier* et *Gamard*.

Barthe préside la Commission des boissons, assisté des vice-présidents *Hubert Rouger* et *Henri Tasso*, et de *Félix, Nouelle* et *Cayrel* comme secrétaires.

Goude préside la Commission des pensions, avec *Calmon* comme vice-président et *Albert Paulin* comme secrétaire.

La Commission du suffrage universel est présidée par *Varenne, Renaudel* en est l'un des vice-présidents, et *Théo-Bretin* l'un des secrétaires.

La Commission de comptabilité de la Chambre, sur onze membres, comprend quatre socialistes, dont le secrétaire *Charles Baron*.

Ferdinand Bouisson préside la Commission chargée d'examiner les projets ou les propositions relatifs à la mise en valeur de la Corse; *Henri Tasso* est l'un des secrétaires.

La Commission d'enquête concernant les réparations en nature compte parmi ses vice-présidents *Chastanet*, et parmi ses secrétaires *Spinasse*.

Renaudel préside la Commission d'enquête sur les conditions dans lesquelles le Comité de l'Union des Intérêts Économiques est intervenue dans la dernière campagne électorale, ainsi que sur l'origine des fonds ayant servi à tous les partis en 1924. Cette Commission a choisi comme rapporteur général adjoint *Jean Félix*, et comme secrétaire *Auray*.

Au 15 décembre, douze Commissions de la Chambre, sur vingt-neuf, étaient présidées par des socialistes.

Vie intérieure du Groupe

Du 30 mai au 15 décembre, le Groupe socialiste au Parlement a tenu 37 séances, au cours desquelles il s'est organisé intérieurement, a nommé son bureau et sa commission exécutive, a élaboré et adopté son règlement, constitué ses sous-commissions et pris d'importantes et nombreuses décisions.

Dans sa première séance, le 30 mai, le Groupe socialiste au Parlement a désigné : comme secrétaire, *Léon Blum;* comme secrétaire adjoint, *Hubert Rouger,* et comme trésorier, *Jean Locquin.* Par la suite, un secrétariat administratif du Groupe a été institué et confié à *André Blumel.*

La Commission Exécutive

Au cours de sa séance du 3 juin, le Groupe a adopté la motion suivante :

Le Groupe sera convoqué sur l'initiative de son bureau pour statuer sur les questions à l'ordre du jour et toutes les fois que les circonstances l'exigeront.

Une Commission exécutive composée sera chargée d'exécuter les décisions du Groupe, d'assurer son acuité d'action et de faire, de façon générale, toutes les démarches que le Groupe aura décidées.

Pour les décisions urgentes, et dans les cas exceptionnels où le Groupe ne pourra pas être convoqué en temps utile, la Commission pourra prendre les décisions nécessaires.

Le nombre des membres de cette Commission a été fixé à treize, il a été également décidé qu'elle serait renouvelable tous les ans à la rentrée de janvier.

La Commission pour 1924, est ainsi composée : *Vincent*

*Auriol, Léon Blum, Compère-Morel, Hubert Rouger, Lebas,
Locquin, Mistral, Moutet, Paul-Boncour, Paul Faure,
Pressemane, Renaudel, Varenne.*

Règlement du Groupe

Le Groupe, le 13 novembre, a adopté le règlement intérieur suivant :

1° Les délibérations du Groupe socialiste au Parlement commencent à l'heure précise fixée par la convocation.

Les absents non excusés au moment d'une délibération ne peuvent, sous aucun prétexte, rouvrir le débat à un autre moment de la séance.

2° Seules viennent en discussion des questions portées à l'ordre du jour et dans l'ordre de leur inscription.

3° Le temps de parole est limité à cinq minutes, sauf le cas où la prolongation sera décidée par l'assemblée consultée par le président et par un vote sans débat à main levée.

4° Au cas où une question imprévue d'ordre important nécessite une discussion immédiate, le secrétariat en propose la discussion par priorité à l'ouverture de la séance, et le Groupe décide sans débat par un vote à main levée.

5° A la fin de la séance, les membres du Groupe qui ont des propositions à déposer devant la Chambre en informeront l'assemblée. S'ils rencontrent l'assentiment unanime, ils sont autorisés à les déposer au nom du Groupe avec la signature collective du Groupe. Si une opposition se rencontre, la proposition est renvoyée à la sous-commission compétente pour rapport.

6° Les membres délégués du Groupe appartenant à une commission de la Chambre forment, avec les membres qui désirent y être inscrits, les sous-commissions du Groupe. Chacune d'elles doit avoir un secrétaire.

7° Toutes les demandes d'interventions, toutes les propositions soumises à l'étude de la sous-commission compétente doivent faire l'objet d'un rapport au Groupe.

8° Les rapports des sous-commissions peuvent être écrits ou oraux; les observations des membres du Groupe peuvent toujours être présentées aux sous-commissions.

9° Lorsque, sans congé, un membre du Groupe délégué à

une commission n'a pas assisté à cinq séances successives de cette commission, la vacance de son poste est prononcée par le Groupe.

10° Les membres du Groupe doivent communiquer au Secrétariat le nom des Groupes non politiques de la Chambre auxquels ils adhèrent.

11° Les membres du Groupe ne peuvent signer les propositions de loi ou de résolution et les amendements que présentent les membres des autres Groupes qu'après avoir demandé l'autorisation du Groupe.

Ils peuvent s'abstenir de demander cette autorisation lorsqu'il s'agit de propositions d'intérêt local.

12° La Commission Exécutive du Groupe se réunira une fois par semaine pour préparer les travaux, arrêter l'ordre du jour et assurer les convocations normales ou exceptionnelles du Groupe.

Sous-Commissions du Groupe socialiste au Parlement

ADMINISTRATION GÉNÉRALE :

Secrétaire : *Chacun.*

Auray, Barabant, Betoulle, Février, Heuzé, Peirotes, Paul Poncet.

AFFAIRES ETRANGÈRES :

Secrétaire : *Spinasse.*

Couteaux, Félix, Fontanier, Georges Weill, Mistral, Paul-Boncour, Paul Faure, Nicollet, Auguste Reynaud.

AGRICULTURE :

Secrétaire : *Chaussy.*

Barthe, Bonin, Carmagnolle, Claussat, Compère-Morel, Labatut, Valière, Albert Paulin, Boudet, Gouin.

ALGÉRIE, COLONIES ET PROTECTORATS :

Secrétaire : *Gouin.*

Breton, Brigault, Charles Baron, Goniaux, Goude, Moutet, Nouelle, Fontanier.

Alsace-Lorraine :

Secrétaire : *Georges Weill.*

Barabant, Barbin, Capgras, Frot, Peirotes, Puechmaille, Spinasse.

Armée :

Secrétaire : *Rognon.*

Sérol, Cluzel, Marquet, Paul-Boncour, Paul Poncet, Renaudel.

Assurance et Prévoyance sociales :

Secrétaire : *Antonelli.*

Calmon, Ferdinand Morin, Lebas, Nadi, Nicollet, Pressemane, Voilin, Labatut, Beauvillain.

Commerce et Industrie :

Secrétaire : *Henri Tasso.*

Boudet, Buisset, Cadot, Cayrel, Chauly, Georges Richard, Plet, Boudet.

Comptes définitifs :

Secrétaire : *Héliès.*

Auray, Boudet, Buisset, Bénassy, Chacun, Chastanet, Ferrand.

Douanes :

Secrétaire : *Pélissier.*

Barthe, Beauvillain, Cadenat, Hubert Rouger, Rognon, Théo Bretin, Tilloy.

Enseignement :

Secrétaire : *Camille Bénassy.*

César Bernard, Marquet, Nouelle, Paul Faure, Puechmaille, Rieux, Locquin, Nicollet, Félix, Nadi, Fontanier.

Finances :

Secrétaire : *Locquin.*

Bedouce, Blum, Compère-Morel, Moutet, Renaudel, Varenne, Spinasse, Gouin, Vincent Auriol.

HYGIÈNE :

Secrétaire : *Sully Eldin.*
Barbin, Briffault, Claussat, Coppeaux, Gerboud, Payra, Valière, Nicollet, Nadi.

LÉGISLATION CIVILE :

Secrétaire : *Uhry.*
Sérol, Antonelli, Gouin, Frot, Escoffier, Reynaud, Sizaire.

MARINE MARCHANDE :

Secrétaire : *Félix.*
Bouisson, Canavelli, Cayrel, Henri Tasso, Masson, Payra, Théo Bretin.

MARINE MILITAIRE :

Secrétaire : *Pouzet.*
Bouisson, Fontanier, Gamard, Goude, Hubert Rouger, Pélissier, Aug. Reynaud.

MINES :

Secrétaire : *Charles Baron.*
Basly, Bouveri, Compère-Morel, François Lefebvre, Hubert-Rouger, Maes, Mistral, Sizaire, Thivrier, Goutn.

RÉGIONS LIBÉRÉES :

Secrétaire : *Escoffier.*
Cadot, Cluzel, Evrard, Ferrand, Goniaux, François Lefebvre, Uhry, Beauvillain.

TRAVAIL :

Secrétaire : *Albert Paulin.*
Chaussy, Evrard, Gros, Lebas, Jean Martin, Parvy, Ponard, Saint-Venant, Gouin.

TRAVAUX PUBLICS :

Secrétaire : *Chastanet.*
Bedouce, Canavelli, Darme, Héliès, Lobet, Masson, Paul Constans, Gerboud, Boudet, Barbin, A. Reynaud.

BOISSONS :

Secrétaire : *Cayrel.*

Barthe, Félix, Hubert Rouger, Henri Tasso, Nouelle, Payra, Rognon.

PENSIONS :

Secrétaire : *Calmon.*

Albert Paulin, Betoulle, Frot, Goude, Labatut, Nicollet, Puechmaille, Benassy.

MARCHÉS ET SPÉCULATIONS :

Secrétaire : *Thivrier.*

Claussat, Cluzel, Gamard, Gouin, Mistral, Uhry, Valière.

SUFFRAGE UNIVERSEL :

Secrétaire : *Fontanier.*

Capgras, Gamard, F. Morin, Pressemane, Renaudel, Théo Bretin, Varenne.

ENQUÊTE SUR LES PRESTATIONS EN NATURE :

Secrétaire : *Chastanet.*

Escoffier, Evrard, Boudet, Spinasse, Peirotes, Léon Blum, Cluzel.

RÈGLEMENT :

Secrétaire : *Georges Richard.*

Marquet, Chastanet, Barabant, Lobet, Varenne, Barthe, Gamard.

CORSE :

Bouisson, Henri Tasso, Georges Richard.

ENQUÊTE SUR LES FONDS ÉLECTORAUX :

Renaudel, Auray, Félix, Théo Bretin, Uhry, Varenne.

COMPTABILITÉ DE LA CHAMBRE :

Charles Baron, Rognon, Cadenat, Compère-Morel.

Décisions et Ordres du jour

Signalons parmi les décisions prises par le Groupe celles qui n'étaient pas destinées à être portées à l'ordre du jour de la Chambre.

Le 14 juin, le Groupe apprenant l'assassinat du camarade Matteoti, député, secrétare du Parti socialiste unitaire italien, sur la proposition de *Léon Blum*, envoie le télégramme suivant au président de la Chambre des députés italienne, pour être transmis au secrétaire du Groupe socialiste :

La Commission administrative Permanente du Parti socialiste S. F. I. O. et le Groupe socialiste au Parlement, atterrés par l'atroce nouvelle de l'assassinat de Matteotti, expriment leur douleur fraternelle et leur indignation. Tout le socialisme international sera à côté du socialisme italien pour flétrir cet abominable crime et le dénoncer à la conscience universelle.

Le 3 juillet, le Groupe, sur la proposition de *Renaudel*, décidait l'envoi au président du Conseil de la lettre suivante concernant la Géorgie :

Paris, le 3 juillet 1924.

Le Groupe socialiste au Parlement, à M. le Président du Conseil de la République française.

Monsieur le Président du Conseil,

Vous allez procéder prochainement à la reprise des relations diplomatiques avec la Russie soviétique.

Le Parti socialiste, vous le savez, n'a aucune objection à formuler contre un tel acte. Mieux, il n'a cessé de le réclamer comme nécessaire.

Le Groupe socialiste appuiera donc la mesure que vous vous proposez de prendre, en conformité d'ailleurs avec la déclaration ministérielle, en conformité aussi avec la lettre que vous avez bien voulu faire tenir au Congrès socialiste de juin 1922.

Mais le Parti socialiste désire attirer votre attention sur un important détail, à propos duquel sa pensée n'est pas moins constante.

Le peuple d'un petit État du Transcaucase, la Géorgie, qui avait proclamé son indépendance, au même titre que les autres petits ou grands Etats issus de la Russie et de sa Révolution, se demande anxieusement aujourd'hui si, en accomplissant l'acte de reconnaissance de la Russie soviétique, les Etats Alliés, et particulièrement la France, ne vont pas abandonner la position qu'ils ont prise à son égard.

L'indépendance géorgienne, proclamée le 26 mai 1918, confirmée le 12 mars 1919 par l'Assemblée constituante de Géorgie, a été reconnue par la France *de jure*, le 27 janvier 1921.

La France était autorisée à une telle décision, puisque entre autres choses la Géorgie avait été, *antérieurement*, reconnue par la République soviétique de Russie. Un traité avait, en effet, été conclu le 7 mai 1920, par lequel le gouvernement russe reconnaissait, à la fois, le droit des peuples à disposer d'eux-mêmes et le droit particulier de la Géorgie à son indépendance.

L'article 1er de ce traité est ainsi conçu :

« Se basant sur le droit de tous les peuples, proclamé par la République Socialiste Fédérative soviétiste Russe, de disposer librement d'eux-mêmes jusques et y compris la séparation totale de l'Etat dont ils font partie, la Russie reconnaît sans réserves l'indépendance et la souveraineté de l'Etat géorgien, et renonce de plein gré à tous les droits souverains qui appartenaient à la Russie à l'égard du peuple et du territoire géorgiens. »

En février 1921, sans déclaration de guerre, la Géorgie a été envahie par les armées russes. Son peuple n'a depuis ce temps cessé de protester contre la violence dont il était ainsi l'objet, sans doute parce qu'il était un petit Etat sans défense.

Le Groupe socialiste ne veut pas rechercher en ce moment si les gouvernants de la Russie soviétique sont décidés à maintenir longtemps encore une occupation militaire qui a été faite en violation du traité qu'ils ont solennellement signé.

Il lui suffit de constater que la France a la tradition du respect des traités et de la parole donnée.

Il pense donc que la République française ne saurait, sans dommage moral pour elle-même, abandonner l'attitude prise à l'égard d'un petit peuple dont l'indépendance a été universellement reconnue. Le Gouvernement français doit la conserver, même si le développement des négociations ne permettait pas d'obtenir l'assentiment de la Russie.

Le Parti socialiste suggère donc que le Gouvernement de la République déclare qu'il reconnaît pleinement *de jure* l'Union des Républiques soviétiques, sous réserve des actes internationaux par lesquels fut reconnue *de jure* l'indépendance des différents Etats issus de l'ancien Empire russe, et ayant leurs représentants accrédités auprès du Gouvernement français.

Il tombe sous le sens que si une telle formule, à défaut d'une autre plus explicite, n'était pas adoptée, l'abandon de la cause géorgienne risquerait de devenir une menace pour d'autres petits pays, puisqu'il sanctionnerait tacitement une entreprise de la force et en rendrait, pour d'autres cas, la tentation toujours possible.

Le Groupe socialiste au Parlement pense enfin que sans doute, quelque jour, le problème de la Géorgie indépendante se posera à nouveau devant la Société des Nations et que des conditions favorables permettront de le résoudre.

Le Gouvernement de la République commettrait donc une faute en aliénant par avance sa liberté de jugement devant le tribunal international de la paix.

Dans l'espoir que vous voudrez bien examiner ces considérations avec la bienveillance et l'esprit d'équité internationale que commande un tel problème, le Groupe socialiste se tient à votre disposition pour toute conversation complémentaire.

Veuillez agréer, Monsieur le Président du Conseil, nos salutations socialistes.

Signé : Léon Blum et Hubert Rouger.

Le 1ᵉʳ août, la C. A. P. et le Groupe socialiste au Parlement tinrent une séance commune au Palais Bourbon, à laquelle assistèrent, en outre, les citoyens *Turati*, du Parti socialiste italien et *Jouhaux*, secrétaire général de la C. G. T.

Après discussion sur la proposition de *Vincent Auriol*, la réunion vota l'ordre du jour suivant :

Le Parti Socialiste (S. F. I. O.) délègue auprès du Labour Party les camarades *Paul Faure* (1), *Léon Blum, Grumbach*

____

(1) Par suite de différentes circonstances, cette mission fut accomplie par les citoyens Vincent Auriol, député, et Grumbach, membre de la C. A. P.

et *Jean Longuet* pour envisager avec tous les co-signataires des résolutions d'Amsterdam, confirmant celles de Francfort, le meilleur moyen d'obtenir l'application de ces résolutions et de définir l'action de chaque section nationale sur les gouvernements respectifs pour l'adoption des solutions recommandées par les conférences ouvrières et socialistes.

Le 21 août, à la demande de *Paul Faure*, le Groupe décidait d'envoyer au citoyen Turatti, à l'occasion des obsèques de Matteoti, le télégramme suivant :

A l'occasion des obsèques de notre cher Matteotti, victime d'un abominable crime politique, la C. A. P. du Parti socialiste S. F. I. O. et la représentation socialiste au Parlement français adressent au Parti socialiste Unitaire et à la classe ouvrière d'Italie l'expression de leur affectueuse solidarité.

Le 31 octobre, la Commission exécutive du Groupe, suivant le mandat qu'elle avait reçu du Groupe, adoptait l'ordre du jour ci-après concernant la réintégration des cheminots :

La Commission Exécutive du Groupe socialiste, mandatée pour examiner la situation faite par la réponse des compagnies sur la réintégration des cheminots, s'est réunie dans la soirée. Elle a pris connaissance de la réponse faite par le président du Conseil aux délégués du Groupe socialiste, ainsi que des déclarations du ministre des Travaux publics devant la Commission des finances.

Les délégués de la Fédération confédérée des cheminots lui ont fait connaître aussi les résultats de l'entrevue qu'ils ont eue avec le président du Conseil.

De l'échange de vues qui a eu lieu, il résulte que si il est possible de considérer comme un commencement d'action favorable à la réintégration, le résultat obtenu par le Gouvernement contre la volonté exprimée encore par les compagnies le 22 octobre, le Parti socialiste n'en demeure pas moins résolu à poursuivre la réintégration totale des cheminots. Le Groupe socialiste, à cet égard, fera tous ses efforts pour veiller, selon le vœu même de la Fédération des cheminots, à ce que la réintégration soit réalisée dans les délais les plus rapides.

Le Groupe socialiste au Parlement demandera en outre au Conseil national du Parti d'examiner l'ensemble des mesures qui devront être portées devant le Parlement.

DISCUSSIONS A LA CHAMBRE

LES INTERPELLATIONS

La constitution du Cabinet Herriot.

Dès sa naissance, le Groupe socialiste au Parlement mena une action politique de grande envergure» qui aboutit à la démission contrainte de M. Alexandre Millerand, président de la République, et à la constitution du cabinet Herriot.

M. Millerand, dans la lutte qu'il avait entreprise contre la souveraineté populaire, constitua un cabinet de minorité sous la présidence de M. François-Marsal. *Léon Blum* interpella le 10 juin sur les conditions dans lesquelles le Gouvernement a été constitué. Une motion d'ajournement signée par MM. Herriot, Raynaldy, Maurice Viollette et *Léon Blum*, invitant la Chambre à ne pas entrer en relations avec un ministère qui, par sa composition, est la négation des droits du Parlement, fut votée par 327 voix contre 217.

M. Millerand céda; le 11 juin, il remettait sa démission sur le bureau des Chambres. Convoquée, l'Assemblée nationale se réunit, à Versailles, le 13 juin et, par 515 suffrages contre 309 à M. Painlevé, pour lequel votèrent les socialistes, et 21 voix à Camelinat, élut Président de la République M. Gaston Doumergue.

Le cabinet Herriot ayant reçu le pouvoir des mains du nouveau président de la République, se présenta devant les Chambres, le 17 juin. La discussion engagée sur la déclaration ministérielle se prolongea le 19 juin. *Vincent Auriol*, de sa place, interrompant M. Bokanowski, souligna l'imprévoyance et l'égoïsme de la majorité d'hier et demanda instamment l'établissement d'un inventaire exact de la situation financière.

Paul Faure lut la déclaration du Groupe socialiste au Parlement ainsi conçue :

Dès la première occasion qui nous est offerte, nous tenons à expliquer — en termes clairs et catégoriques — non pas seulement le vote de confiance que nous émettrons à l'issue de ce débat, mais la décision unanime de notre Parti dont ce vote sera la première manifestation.

Nous jugeons superflu de rappeler aujourd'hui notre doctrine constante, que ne saurait atteindre ni modifier aucune des nécessités de la tactique électorale ou de la politique parlementaire — doctrine qui nous permet d'affirmer qu'aucune organisation stable, durable et puissante ne peut être conçue ou réalisée en dehors d'un régime de propriété sociale et de souveraineté du travail.

Mais cette vision de l'avenir ne nous cache pas les difficultés et les obligations du présent.

Le Parti socialiste estime que par son verdict du 11 mai, la France ne s'est pas bornée à opérer un déplacement des forces entre les partis ou un renouvellement de personnel parlementaire, mais qu'elle a prescrit et entendu réaliser, dans l'ordre politique, un changement décisif.

La France a signifié qu'elle entendait avant tout effacer, sur son propre territoire et dans l'Europe entière, les conséquences de la plus cruelle des guerres et de la plus imprévoyante des paix.

La France veut la paix véritable.

Elle veut respirer un air purifié de tous les miasmes de méfiance et de haine. Elle veut vivre tranquille dans un monde tranquille. Elle veut rétablir l'Europe et le monde dans leur état normal de civilisation et de production. Elle veut édifier l'organisation politique et économique qui, dans la société actuelle, réduirait à leur minimum les risques d'une guerre nouvelle.

Elle veut reprendre sa tradition authentique et se montrer enfin sous son vrai visage.

Elle sait que même les problèmes essentiels qui dominent sa vie nationale dépendent à leur tour de la paix et de la concorde universelles.

Elle a compris que la réparation de ses régions dévastées est liée à la reconstruction de l'Europe et dépend de la coopération du monde, que sa sécurité est liée au progrès général des forces de paix et de démocratie; que l'équilibre budgétaire, économique, monétaire — auquel nul n'est plus fortement attaché que les travailleurs, puisqu'ils sont les victimes désignées de tous les impôts iniques, de toutes les crises de prix, de tous les troubles de production — que cet équilibre a pour condition finale la paix durable, le travail paisible, la confiance entre les nations.

Telle est la volonté exprimée par le peuple de France.

A une politique d'égoïsme nationaliste, créant le soupçon par la chicane et la haine par la contrainte, il a voulu substituer une politique fondée sur l'esprit de solidarité internationale.

Contre une politique d'égoïsme de classe, protégeant ou fortifiant tous les privilèges, il a voulu préparer une politique fondée sur l'esprit de justice et qui sache subordonner tous les intérêts privés à l'intérêt collectif.

Interprètes et mandataires de la masse des travailleurs de France, nous estimons donc que notre devoir est clairement dicté par eux.

Nous sommes convaincus d'agir conformément à leur intérêt et selon leur vœu en donnant aujourd'hui le moyen de vivre et demain le moyen d'agir au Gouvernement qui est venu nous affirmer sa volonté d'entreprendre l'œuvre de réparation et de salut qu'imposent les circonstances.

Nous savons toutes les difficultés de cette tâche.

Le pays les connaît aussi. Il les comprendra mieux encore quand il aura été mis au fait — franchement et courageusement comme nous l'espérons — de l'état où les gouvernements du Bloc national laissent les affaires publiques.

Mais les travailleurs de ce pays ont assez de sagesse pour comprendre que quatre ans de dégâts ne se réparent pas en quelques semaines et que la convalescence, au contraire, est souvent plus lente que la maladie. Ils ont assez d'énergie virile pour envisager et accepter les remèdes nécessaires.

Leur concours sera d'autant plus fermement assuré que l'œuvre rencontrera plus d'obstacles et qu'elle aura été plus hardiment engagée.

Nous déclarons donc — sans vouloir entrer aujourd'hui dans la discussion d'aucune des questions posées dans sa déclaration par le ministère — que nous faisons confiance à ses intentions et que nous sommes résolus à lui prêter une aide franche et loyale pour l'accomplissement de sa tâche.

L'expérience du passé montre d'ailleurs avec évidence que

notre appui a toujours été sûrement acquis à toute œuvre de réforme novatrice et de démocratie sincère, entreprise par d'autres partis.

C'est d'eux qu'il dépendra de s'acquérir encore un soutien que nous ne leur avons jamais marchandé, et nous continuerons d'agir en sorte qu'aucun autre parti ne puisse trouver ou chercher dans l'action politique ou parlementaire du socialisme la justification de ses propres faiblesses et de ses propres hésitations.

Nous n'avons demandé ou contracté aucun engagement.

Nous n'attendons du Gouvernement nouveau qu'une satisfaction : qu'il reste lui-même. Nous ne lui demandons pas de réaliser notre programme, mais le sien.

Nous lui resterons fidèles tant qu'il restera fidèle à ses propres principes et à ses propres promesses.

Nous saurons déjouer les calculs de ceux qui escomptent déjà notre impatience ou nos divisions pour l'abattre, notre soi-disant tyrannie pour le compromettre et le discréditer.

En agissant ainsi, nous n'entendons aliéner aucune parcelle de notre indépendance de parti ; nous demeurons libres vis-à-vis du Gouvernement, comme il est libre vis-à-vis de nous.

Nous n'avons renoncé à aucune de nos doctrines. Nous restons convaincus — et l'expérience des dernières années n'a pu que nous confirmer dans cette conviction — que, seules, les théories socialistes peuvent fournir ou inspirer la solution pratique des problèmes capitaux de l'heure présente.

Ces solutions, nous n'hésiterons jamais à les proposer à la Chambre et au pays, même quand elles ne concorderont pas avec les solutions gouvernementales.

Mais nous qui n'entendons pas tirer l'instauration d'un monde nouveau des hasards de la confusion et de la misère, nous qui n'espérons pas le voir surgir des convulsions de la ruine universelle, nous qui professons, au contraire, que la société future a pour conditions présentes l'extension des libertés publiques, le développement du bien-être individuel, comme de la prospérité collective, nous nous jugeons tenus de prêter notre concours — et nous le répétons — notre concours, franc et ferme — à la volonté de paix, de justice et de progrès que manifestent la majorité nouvelle et le Gouvernement nouveau.

Georges Weill apporta l'adhésion des électeurs républicains et socialistes d'Alsace, c'est-à-dire de la majorité des électeurs d'Alsace, au programme gouvernemental concernant la suppression du régime d'exception en Alsace-Lorraine et l'introduction des lois laïques. L'ordre du jour de M. Pinard, Paul Morel, Maurice Viollette et du citoyen *Léon Blum*, approuvant les déclarations du Gouvernement et confiant en lui pour réaliser la politique affirmée le 11 mai par le suffrage universel, fut voté, ou du moins sa priorité, par 313 voix contre 234.

En fin de séance, *Paul Faure* déposa une motion signée par tous les membres du Groupe socialiste au Parlement ainsi conçue :

La Chambre, douloureusement émue par la nouvelle de la disparition du député italien Matteotti.

Réprouvant toutes les formes de l'assassinat politique,

Adresse au Parlement italien l'expression de sa profonde sympathie.

Cette motion fut adoptée à mains levées.

A la fin de la séance du 29 juin, *Moutet*, parlant sur la fixation de la date d'une interpellation de Marcel Cachin, protesta contre les abus de détention préventive qui se produisent dans les régions occupées.

Le 29 juillet, un court débat s'engagea sur la date de plusieurs interpellations. L'interpellation de *Jean Félix* sur les responsabilités du parquet de Montpellier dans la mort du docteur Stolz et dans l'arrestation irréfléchie et arbitraire d'un professeur de la Faculté de médecine de Montpellier, fut, après quelques observations de son auteur, ajournée au mois d'octobre. Celle de *Lobet* sur le grave accident de chemin de fer, en date du 12 juillet, à Vitry-la-Ville (Est), fut ajournée. Celle de *Chastanet* sur la situation de la Banque lyonnaise et régionale de crédit et sur les mesures de contrôle que le Gouvernement compte prendre à l'avenir à l'égard des banques fut également remise en octobre. Celle de *Bouveri*, sur les mesures et les sanctions que le Ministre de la Guerre entend prendre contre le commandant et contre le capitaine de l'Ecole préparatoire d'Autun, lesquels sont accusés de détournement au préjudice de l'école fut renvoyée après la clôture de l'enquête. Au cours de ce débat, *Betoulle* signala à la Chambre la sentence rendue par le douzième Conseil de guerre contre Lemeunier et demanda des sanctions contre les auteurs de cette sentence inique de condamnation à mort.

Le 29 juillet, *Moutet*, parlant sur la fixation de la date de son interpellation sur les mauvais traitements et les arrestations arbitraires dont ont été victimes les artistes et opérateurs autrichiens à l'occasion du film de Versailles, insista pour que des sanctions fussent prises à l'égard des auteurs d'abus administratifs.

A la fin de la séance du 1er août, la Chambre décida, sur la proposition de *Betoulle*, soutenu par *Léon Blum*, de s'ajourner *sine die*, en laissant à son président le soin de la convoquer d'accord avec le président du Conseil, quand la conférence de Londres serait terminée.

Les interpellations sur la Conférence de Londres.

Le 21 août, lorsque la Chambre se réunit de nouveau, *Paul Faure* dénonça la démagogie communiste qui demandait l'ajournement de la Chambre jusqu'à ce que le Sénat ait commencé la discussion de l'amnistie, et apporta à la tribune l'appel déchirant de Dan sur les prisonniers des îles Solovietsky.

Betoulle intervint à nouveau en faveur du soldat Lemeunier tandis que *Renaudel* interrogeait ironiquement André Berthon pour savoir s'il était prêt à demander au Gouvernement bolchevik, à l'égard des socialistes russes, les mêmes mesures d'amnistie que celles que les socialistes et les communistes réclament du Gouvernement français. La Chambre aborda ensuite la discussion des interpellations sur la Conférence de Londres, parmi lesquelles celle de *Léon Blum*, *Vincent Auriol* et *Pierre Renaudel*, et celle de *Bedouce*, *Georges Weill* et *Peirotes*, sur les raisons qui ont empêché le Gouvernement français de demander en temps utile au Conseil de la Société des Nations la prorogation prévue par l'article 280 du Traité de Versailles, des clauses de ce Traité visant les relations commerciales.

Vincent Auriol, *Renaudel* et *Varenne* s'opposèrent à la

motion d'ajournement déposée par M. Bokanowski, qui fut rejetée par la Chambre.

Dans l'après-midi du 22 août, *Léon Blum* prononça sur la politique de la Ruhr, qui venait d'être liquidée à Londres, une condamnation définitive qui emporta l'adhésion enthousiaste de la Chambre. Nous renvoyons les Fédérations à la lecture du *Populaire* du 1er septembre, qui a publié presque intégralement ce discours, pièce capitale de toute la période parlementaire dont l'activité est analysée ici.

La discussion se poursuivit le 23 août. *Bedouce* fit pendant le discours de M. Dubois de nombreuses interventions. *Vincent Auriol* rappela à la pudeur M. Klotz qui avait eu l'impudence d'intervenir, en citant un discours de M. Klotz dans lequel celui-ci déclarait que l'Allemagne verserait en trente-six ans une somme s'élevant à 463 milliards, non compris les restitutions à l'Etat et aux particuliers. *Paul-Boncour* intervint sur les questions de sécurité. Il montra que la politique de M. Poincaré qui, pendant des années, avait non pas poursuivi les réparations et la sécurité, mais cherché souvent par des moyens hypocrites et détournés à réaliser l'une par l'autre, ne nous avait finalement donné ni l'une ni l'autre, et que le seul espoir de désarmement restait le contrôle de la Société des Nations.

La Chambre, par 336 voix contre 204, vota l'ordre du jour présenté par MM. Cazals, Maurice Viollette, Paul Morel et le citoyen *Léon Blum*, et qui était ainsi rédigé :

La Chambre, se félicitant que le Gouvernement ait appliqué dans les accords de Londres le principe de l'arbitrage et ait ainsi permis aux négociateurs d'aboutir à des solutions pratiques et pacifiques du problème des réparations dans un large esprit de coopération et de concorde internationale,

Confiante en lui pour poursuivre, au cours des prochaines conférences sur les dettes interalliées, comme auprès de la Société des Nations, l'œuvre de justice et de paix qui doit assurer tout ensemble la sécurité de la France et la reconstitution de l'Europe,

Approuve les déclarations du Gouvernement et repoussant toute addition, passe à l'ordre du jour.

LA SESSION EXTRAORDINAIRE

Les Chambres furent convoquées en session extraordinaire le 4 novembre.

Dans le débat ayant trait à la fixation de la date des interpellations, dont celle de *Barthe* sur les mesures que le Gouvernement compte prendre pour ramener l'équilibre de la protection douanière entre la production agricole et la production industrielle, celle de *Lobet* sur un incident violent provoqué par un sous-officier en garnison à Epernay, celle de *Rognon* sur les lenteurs apportées à la réintégration des cheminots révoqués, celle de *Paul Constans* et *Chaussy* sur les mesures que le Gouvernement compte prendre pour mettre fin à la spéculation sur les céréales panifiables et stabiliser le prix du pain, *Vincent Auriol* demanda que la Chambre abordât immédiatement la discussion du budget, *Léon Blum* que le bureau de la Chambre groupât les interpellations de manière qu'apparût un plan logique de discussion. Finalement *Moutet* proposa, ce qui fut adopté par la Chambre, que les interpellations concernant la vie chère seraient fixées au vendredi suivant et que toutes les autres fussent renvoyées à la suite.

En fin de séance, *Marquet* et *Renaudel* demandèrent au ministre de la Guerre de prendre des mesures de bienveillance à l'égard des jeunes soldats rabioteurs.

Marquet posa le 6 novembre une question au ministre de la Guerre pour demander la libération des soldats rabioteurs de la classe 1923, *Pressemane* intervint également; le général Nollet répondit qu'il venait d'adresser une circulaire aux chefs de corps les invitant à faire preuve de bienveillance à l'égard des hommes punis de prison.

Les interpellations sur la vie chère.

Le 7 novembre, la Chambre entama la discussion des interpellations sur la vie chère. Au cours de cette première séance, *Thivrier*, *Paul Constans* et *Betoulle* présentèrent diverses observations.

La discussion reprit le 14 novembre. *Mistral* critiqua

le mode de répartition anarchique du régime capitaliste, réclama la régie du pain et du blé, signala les abus et les spéculateurs pour lesquels il réclama des sanctions sévères. *Betoulle* dénonça la politique d'imprévoyance faite par le Bloc national pendant quatre ans et se prononça pour les mesures qui ont été prises pendant la guerre, c'est-à-dire le rétablissement des offices qui vendaient les denrées nécessaires à la vie. Il termina en demandant au Gouvernement d'établir des prix normaux là où il ne pourrait taxer et de contrôler les produits mis en vente.

Compère-Morel, analysant les causes de la vie chère, signala la puissance du capitalisme industriel et du capitalisme bancaire. Il énuméra différents cartels et trusts, dont celui de la meunerie et de la raffinerie, expliqua les dernières formes de la concentration capitaliste avec les pools, les corners et les rings, les concerns qui, lorsqu'ils sont les maîtres, fixent les prix. Compère-Morel montra également le rôle de la dette publique dans l'augmentation de l'existence, celui des tarifs douaniers, le manque d'organisation de la production agricole, l'augmentation de la consommation, et conclut en insistant sur la question financière, d'où viendra le remède, et en invitant le Gouvernement, par une politique d'audace, à assainir la situation financière. C'est au cours de ce débat, dans un incident provoqué par les communistes, que *Payra* prouva que M. Cabannes, tête de liste du parti communiste dans les Pyrénées-Orientales, avait reçu 5.000 francs de M. Billiet, ce que Marcel Cachin reconnut.

A la fin de cette même journée, *Renaudel,* parlant sur la date de son interpellation sur les conditions dans lesquelles une société concessionnaire d'un service public à Toulon peut méconnaître et violenter le droit syndical de ses employés, obtint du ministre du Travail la corroboration des faits qu'il articulait et l'engagement de déposer un projet de loi sur la liberté syndicale.

A la fin de la séance du 17 novembre, *Payra* demanda la fixation de la date de son interpellation sur l'arrestation arbitraire et l'expulsion illégale de l'Espagnol Candide Rey, arrêté pour avoir distribué des tracts contre Primo de Rivera et remis le 27 août 1924 aux autorités espagnoles. Le ministre de l'Intérieur promit à Payra que le droit d'asile serait respecté. Peu après, le président du Conseil avisait le Groupe socialiste qu'il avait pu obtenir du Gouvernement espagnol l'élargissement de Rey et son retour en France.

Le 21 novembre, la Chambre revint à la vie chère. *Compère-Morel* fut obligé de donner dé nouveau une leçon de socialisme aux communistes. *Théo Bretin* apporta un certain nombre de suggestions au Gouvernement, notamment en ce qui concerne le contrôle du sucre. Il préconisa également un office du bois pour l'importation des bois étrangers.

Le débat sur la vie chère se termina le 28 novembre. *Compère-Morel* déclara que le Groupe socialiste voterait l'ordre du jour que M. Bouyssou avait présenté comme conclusion aux débats et qui était ainsi libellé :

La Chambre, approuvant les déclarations du Gouvernement, confiante en lui pour poursuivre une politique de production et d'assainissement financier, pour surveiller, en instituant notamment des offices appropriés, la répartition loyale des produits nécessaires à la vie, et pour protéger le consommateur contre les abus, repoussant toute addition, passe à l'ordre du jour.

L'enquête sur l'Union des Intérêts Economiques.

M. Taittinger, le 25 novembre, interpella sur la manifestation Jaurès au Panthéon. On sait comment le débat dériva : *Léon Blum* somma M. Taittinger, qui accusait certains membres du Gouvernement d'avoir reçu des subventions de l'Union des Intérêts économiques pour les élections de 1924, d'apporter des preuves, et *Renaudel*, revenant à l'objet propre de l'interpellation, dénonça les manœuvres qui se conjuguaient de la droite et des communistes et montra que le parti socialiste seul se trouvait dans la tradition de Jaurès. Un ordre du jour de MM. Cazals, Thomson, Candace et du citoyen *Léon Blum*, exprimant la confiance envers le Gouvernement pour maintenir à la fois les institutions républicaines et flétrissant la manœuvre de M. Taittinger, ordre du jour pour lequel vota le Groupe, fut adopté par 318 voix contre 202.

Le 28 novembre, à la suite d'un article de journal mettant en cause M. Raynaldy, ministre du Commerce, *Jean Félix* qui, au début de la législature, avait déposé au nom du Groupe une proposition d'enquête sur l'Union des Intérêts économiques, interpella le Gouvernement sur les mesures qu'il comptait prendre en présence de documents relatifs à l'activité politique de l'Union des Intérêts économiques. Le député de l'Hérault indiqua que l'origine des fonds intéressait le Parti socialiste plus encore que leur emploi. Il faut que nous sachions, dit-il, si telle compagnie de chemins de fer qui émarge au budget de la nation, telle compagnie de navigation qui reçoit des dizaines et des dizaines de millions de la marine marchande sous prétexte que son exploitation est déficitaire, telle compagnie d'assurances assujettie au contrôle de l'Etat n'ont pas dissimulé une partie de leurs bénéfices ou de leur actif à grossir la caisse de corruption électorale de l'Union des Intérêts économiques et à faire élire des hommes qui, à la Chambre, ne seraient pas les représentants de la nation, mais les représentants de leurs propres intérêts.

Après une intervention de *Renaudel* et les observations de *Léon Blum* qui s'opposa à ce que la Commission enquêtât sur les élections de 1919, non pas pour des raisons de parti — car tous les orateurs déclarèrent dans la discussion que le Parti socialiste n'avait rien touché — mais pour éviter à la fois la confusion et la diversion, la Chambre repoussa par 299 voix contre 246 l'addition des mots « et de 1919 à 1924 » et vota, par 531 voix contre 0, avec une addition qui faisait porter l'enquête sur les fonds électoraux de tous les partis, l'ensemble de l'ordre du jour de *Jean Félix* et *Léon Blum*, ainsi conçu :

La Chambre décide de procéder, dans les conditions prévues par l'article 12 du règlement, à la constitution d'une commission de 33 membres chargés d'enquêter sur les conditions dans lesquelles le Comité de l'Union des Intérêts économiques est intervenu dans la dernière campagne électorale, ainsi que sur l'origine des fonds ayant servi à tous les partis en 1924.

Sadoul.

Le 4 décembre, dans la fixation de la date de son interpellation sur l'arrestation de Sadoul, Berthon ayant mis en cause *Léon Blum*, celui-ci lui prouva qu'il ne reniait rien de ce qu'il avait écrit sur Sadoul, mais qu'il ne pouvait trouver une interprétation raisonnable du retour de Sadoul que dans le désir qu'avait celui-ci de comparaître de nouveau devant ses juges. Il ajouta que le Groupe socialiste n'oubliait pas que la loi d'amnistie pourrait permettre d'amnistier Sadoul ou que, le cas échéant, le Gouvernement devrait user de la grâce amnistiante. Par 530 voix, dont les socialistes, contre 29, la Chambre renvoya à la suite l'interpellation de Berthon.

L'affaire de Bobigny.

Le 9 décembre, dans l'interpellation dépasée par Ernest Lafont sur les perquisitions de Bobigny, trois orateurs désignés par le Groupe socialiste, *Compère-Morel, Renaudel, Paul Faure*, dont le *Populaire* a publié les discours, vinrent expliquer la position du Parti socialiste, définir sa doctrine, préciser son attitude et montrer que le seul moyen de lutte efficace pour le Gouvernement à l'égard du bolchevisme était de pratiquer une politique de réformes audacieuses et de réalisations sociales.

Après une intervention de *Moutet*, qui se dressa contre la politique réactionnaire coloniale, la Chambre adopta par 319 voix contre 29 l'ordre du jour de MM. Cazals, Violette, Thomson et du citoyen *Blum*, que votèrent naturellement les socialistes et qui était ainsi conçu :

La Chambre, fermement résolue à poursuivre une politique d'action républicaine et sociale, mais décidée à ne pas la laisser compromettre par des trafics de violence systématique,

Confiante dans le Gouvernement et repoussant toute addition, passe à l'ordre du jour.

La grève de Douarnenez.

A propos de la fixation de la date de l'interpellation de Marcel Cachin sur les incidents de Douarnenez, *Masson* exprima, le 6 décembre, la vive sympathie du Parti socialiste à l'égard des grévistes et réclama un traitement de justice pour les travailleurs de la mer comme pour les autres. L'interpellation de Marcel Cachin fut renvoyée à la suite par 325 voix contre 26.

Le 13 décembre, Masson posa une question à la tribune au Ministre de l'Intérieur sur ce même conflit. C'est, déclara *Masson,* un conflit provoqué par la misère. D'un côté, il y a des patrons qui ont gagné beaucoup d'argent, de l'autre côté, il y a des ouvriers qui reçoivent 1 fr. 30 de l'heure et des ouvrières payées o fr. 80 de l'heure et *Masson* invita le Gouvernement à faire pression sur le patronat pour qu'il donne satisfaction aux ouvriers. Le Ministre répondit que les ouvriers avaient accepté l'arbitrage, que les patrons n'avaient pas encore acquiescé, mais que ceux qui le refuseraient se mettraient dans une position fâcheuse. (1)

Les Crédits.

Le 28 juin, la Chambre discuta le projet de loi relatif au rapport de crédits de l'exercice 1923 à l'exercice 1924.

Les citoyens *Bedouce* vice-président de la Commission des crédits qui précédait la Commission des Finances non encore constituée, *Evrard, Locquin, Cluzel, Voilin, Renaudel,* intervinrent dans la discussion.

Le même jour, dans la discussion générale des crédits provisoires, *Escoffier* apporta à la tribune les doléances des sinistrés, qu'*Evrard* signala également. *Chastanet* demanda le vote d'une commission d'enquête pour examiner les raisons pour lesquelles les réparations en nature ne se sont pas effectuées. *Labatut* attira l'attention du ministre des pensions sur des injustices commises à l'égard d'anciens combattants.

Sur l'article 3 du projet, concernant l'entretien des troupes d'occupation en pays étranger, *Léon Blum* expliqua la crise de conscience dans laquelle se trouvait le

____

(1) Depuis cette date, à l'instigation du Groupe socialiste au Parlement et sur une démarche d'une délégation du Groupe, le Gouvernement a fait distribuer des secours aux grévistes.

Groupe socialiste au Parlement, pris entre la demande de crédits impliquant l'autorisation législative pour cinq mois des dépenses d'occupation militaire de la Ruhr et la volonté de soutenir le Gouvernement. Il déclara que le Groupe socialiste s'abstiendrait de voter ces crédits. A la suite d'une manœuvre de M. Bokanowski, M. Herriot posa la question de confiance. L'article 3 fut voté par 456 voix contre 26, le Groupe se divisa (1), les uns votant la confiance, les autres s'abstenant.

L'ensemble des crédits fut voté par 519 voix, dont tous les membres du Groupe, contre 26.

Le projet de crédits relatif au report de l'exercice 1923 à l'exercice 1924, ayant été adopté par le Sénat avec de légères modifications, *Bedouce*, appuyant l'intervention que *Voilin* avait faite la veille en faveur des contribuables en retard, obtint une prolongation jusqu'au 14 juillet du délai accordé aux contribuables pour payer leurs impôts sans encourir la pénalité de retard.

Le 11 juillet, le citoyen *Bedouce*, alors que la Chambre discutait la proposition de loi Voilin, fit préciser que la pénalité de 10 % versée déjà par des contribuables serait, soit remboursée, soit portée à leur crédit pour des impôts futurs.

Le 29 juillet, la Chambre entama la discussion d'un projet de loi portant régularisation et annulation de crédits. Dans la discussion générale, *Auray* et *Jean Martin* demandèrent que les communes de la banlieue de la Seine reçussent les subventions qu'on leur a promises en raison des inondations. Sur les chapitres, *Moutet, Barthe, Georges Weill* intervinrent. *Bouveri* visa le cas d'un inspecteur général des fraudes, directeur d'un journal réactionnaire, qui continuerait à appartenir à l'administration et aurait pendant longtemps reçu les émoluments correspondant à cette fonction.

Barthe intervint également sur la question des fraudes. *Varenne* fit adopter un relèvement de crédit pour les routes. *Georges Weill* obtint que des indemnités concernant les agents du service de la navigation d'Alsace-Lorraine fussent inscrites. *Labaini* et *Barthe* firent respectivement

____

(1) Voir plus loin l'unité de vote.

adopter des amendements sur l'encouragement national aux familles nombreuses et sur le prix d'achat et de vente des alcools d'industrie.

Bouisson appuya le rétablissement du monopole des allumettes.

Au moment du vote sur l'ensemble, *Voilin* et *Lebas*, parlant au nom du Groupe, obtinrent du ministre des Finances par intérim (M. Raynaldy), l'engagement que des crédits pour l'avance à accorder aux fonctionnaires, en attendant que la Commission Hébrard de Villeneuve ait statué, soient compris dans le prochain cahier de crédits d'octobre. *Léon Blum* insista pour que fussent également compris dans ce même cahier des crédits pour l'achèvement des laboratoires de Mme Curie et de M. Jean Perrin.

Le 31 juillet, dans la discussion du projet de loi répartissant le fonds de subvention destiné à venir en aide aux départements, *Cluzel* appuya un amendement tendant à relever le crédit qui fut adopté par l'assemblée.

Ce même jour le projet de loi portant régularisation et annulation de crédits, modifié par le Sénat, revint devant la Chambre. *Alexandre Varenne* protesta contre la suppression d'une partie du crédit concernant les allocations aux soutiens de famille, et *Vincent Auriol* s'éleva contre les méthodes singulières de certaines administrations.

Les Loyers.

Le 4 juillet, la Chambre aborda la discussion de dispositions ayant pour but de compléter la législation sur les loyers.

Betoulle fit une intervention vigoureuse en faveur des locataires, *Lebas* défendit un amendement signé par tous les membres du Groupe, faisant bénéficier les locataires de bonne foi d'une prorogation de plein droit jusqu'au 31 décembre 1928, au lieu du 1er janvier 1926, comme le proposait le Gouvernement et la Commission; *Escoffier* appuya *Lebas*, mais l'amendement fut repoussé par 348 voix contre 151; *Sixaire*, *Paul Poncet*, *Cluzel* et *Bouveri* intervinrent également dans la discussion.

Le 5 juillet, les citoyens *Chastanet, Frot, Sizaire* et *Pélissier* intervinrent, soit pour augmenter le droit des locataires, soit pour étendre le champ d'application de la loi. *Evrard* et *Lebas* firent adopter un article appliquant les dispositions de la loi en discussion aux nouveaux immeubles reconstruits, achevés ou réparés en vertu de la loi des dommages de guerre.

Ce projet de loi ayant été modifié par le Sénat, revint à la Chambre le 12 juillet, *Bedouce* et *Cluzel* demandèrent la prorogation sans procédure et la prolongation du délai de trois à six mois. Le Groupe vota l'amendement Garchery qui maintenait le texte de la Chambre et qui fut adopté par 258 voix contre 253.

Modifié par le Sénat, le projet revint devant la Chambre, *Cluzel* parla dans la discussion générale, *Betoulle* et *Bedouce* sur les articles, le premier pour regretter que le Sénat ait supprimé l'obligation de la prorogation, le second pour réclamer que la prorogation ait lieu de plein droit pendant les six mois qui restent à courir. Tous les deux soutinrent l'amendement d'Ernest Lafont stipulant qu'il ne pourrait être procédé à aucune expulsion pendant trois mois des bénéficiaires de la loi. *Lobet* et *Sizaire* parlèrent également sur les articles.

Nouvelle discussion, le 1er août, sur le projet de loi revenant de nouveau devant la Chambre, le Sénat ayant réduit à un mois le délai pendant lequel il ne pourrait être procédé à aucune expulsion. *Betoulle* s'inclina en protestant et en laissant à l'autre assemblée la responsabilité du projet de loi adopté.

Les huit heures dans les chemins de fer.

Le 29 juillet, la Chambre adopta, après intervention de *Bedouce*, président de la Commission des Travaux publics, et de *Barabant*, une proposition de résolution dont *Lobet* était le rapporteur, abrogeant le décret de M. Le Trocquer sur les huit heures dans les chemins de fer. La proposition de résolution de *Chaussy*, invitant le Gouvernement a refuser l'augmentation des tarifs des abonnement du travail, fut également voté après.

Jaurès.

C'est le 31 juillet, jour anniversaire de sa mort, que la Chambre vota, par 323 voix contre 116, le projet de loi concernant la translation des cendres de Jaurès au Panthéon, sur le rapport de *Jean Locquin* et après que *Léon Blum*, ripostant à Renaud Jean, eut affirmé, au nom du Parti Socialiste, que celui-ci, tout en gardant Jaurès pour lui, le remettait à la Nation et à l'Histoire.

L'assistance obligatoire aux vieillards.

Le 1er août, une proposition de loi modifiée par le Sénat, tendant à modifier l'assistance obligatoire aux vieillards, fut adoptée par la Chambre après observations de *Voilin*, président de la Commission d'assurance et de prévoyance sociales, *Cluzel, Betoulle* et *Labatut*.

Projets agricoles.

Ce même jour, *Chaussy* défendit, au nom du Groupe, dans la discussion d'un projet de loi étendant aux exploitations agricoles la législation sur les accidents du travail, un contre-projet faisant bénéficier de cette législation toute personne employée, même occasionnellement, salariée ou non par un exploitant agricole; ce contre-projet pour lequel les socialistes votèrent, n'en fut pas moins repoussé par la Chambre.

Le 26 août, le projet de loi réglant les conditions de la fixation du prix limite des cours du blé, ayant été modifié par le Sénat, revint à la Chambre où il fut rapporté par *Labatut*.

Compère-Morel expliqua que le groupe socialiste voterait le projet quoiqu'il ne le crut pas très efficace, mais parce qu'il espérait que ce projet était l'amorce de réformes plus audacieuses.

Le 26 novembre, un projet de loi tendant à assurer, dans des conditions plus favorables, l'approvisionnement en blé, en farine et en pain, fut adopté après des observations de *Théo Bretin*, de *Mistral* et de *Compère-Morel*, rapporteur ; ce dernier annonça qu'il soumettrait à la Chambre un vaste plan d'organisation de la production du blé.

Dans cette même journée, la Chambre adopta également un projet de loi ouvrant un crédit destiné à faciliter aux agriculteurs l'achat d'engrais azotés, après les observations de *Barthe* et de *Compère-Morel*, qui indiqua que ce projet n'était qu'un début et qu'il fallait pratiquer à l'égard des paysans une politique d'engrais qui leur apporte une aide efficace.

La ratification des traités de Lausanne et de Sèvres.

Les traités de Lausanne et de Sèvres, signés avec la Turquie, furent discutés le 25 août. *Jean Locquin* déclara que le Groupe socialiste voterait le traité car un esprit nouveau a inspiré les négociateurs, toutefois, il formula des réserves en ce qui concerne notamment l'atteinte à l'indépendance économique et financière de la Turquie.

Renaudel intervint également en faveur de la Géorgie et de l'Arménie, à propos de laquelle il lut à la tribune une déclaration du Parti Socialiste arménien.

Le traité fut ratifié par 395 voix contre 156.

La validation d'élections.

Le 3 juillet, le citoyen *Lebas*, dans le débat ouvert sur la validation des élections du Nord, signala les manœuvres diverses y compris celles des communistes qui avait abouti à l'échec d'Inghels et souligna que la véritable leçon à tirer des élections du Nord, et de bien d'autres élections, était la réforme du régime électoral. 19 voix communistes, seules, se prononcèrent pour l'annulation des opérations électorales.

Le 10 juillet, *Chauly*, rapporteur du deuxième bureau sur les opérations électorales de l'Aveyron, et *Betoulle*, firent voter par la Chambre, conformément aux dispositions de la loi électorale, l'invalidation de M. Roquette, colistier du général de Castelnau, et la proclamation de M. Balitrand, radical, comme député à sa place.

Le 10 décembre, la Chambre discuta la validation des élections du Gers. *Moutet* demanda l'invalidation de M. Joseph Barthelemy, seul élu du Bloc national, qui avait bénéficié de la présentation d'une liste radicale dissidente à la tête de laquelle se trouvait le député sortant Ducaud, lequel Ducaud avait reçu du Bloc national un chèque de 108.000 francs (le montant de l'indemnité parlementaire pendant quatre années) comme prix de sa trahison. La Chambre, par scrutin public à la tribune, par 210 voix contre 134, refusa l'enquête.

L'Amnistie.

La Chambre commença le 9 juillet la discussion générale du projet d'amnistie modifié dans le sens de l'élargissement par la Commission de la législation civile et criminelle, notamment sous l'influence des socialistes et en particulier l'action d'*Uhry*. M. Malvy ayant été mis violemment en cause par M. Barillet qui prétendait parler au nom des mutilés, le citoyen *Calmon*, mutilé de guerre et député du Lot, protesta que les mutilés du Lot et les électeurs de ce département avaient fait justice des accusations portées contre M. Malvy.

Le 10 juillet, *Gerboud* et *Uhry* signalèrent de singulières démarches. L'accord passé entre la Compagnie du P. L. M. et deux députés, contre la réintégration des cheminots. L'après-midi de ce même jour, *Moutet, Renaudel* et *Calmon*, en de courtes mais vives observations, ripostèrent aux accusations de la droite à l'égard de MM. Malvy et Caillaux.

Le 11 juillet, *Uhry* expliqua pourquoi afin de hâter le vote de la loi, le représentant du Parti Socialiste avait renoncé à parler dans la discussion générale; il demanda l'oubli pour les insoumis qui avaient une résidence à l'étranger avant le 1ᵉʳ août 1914 et soutint le texte de la commission, dont d'ailleurs il était l'auteur, amnistiant les fonctionnaires, etc., qui avaient encouru des peines disciplinaires et assurant leur réintégration ainsi que celle des cheminots. Il termina en combattant le contre-projet communiste qui ne saurait que retarder l'amnistie. *Valière* demanda une réparation aussi complète que possible à l'égard des fusillés de Flirey et de Vingré et obtint de la Commission l'engagement qu'un texte stipulant la revision de ces procès serait déposé. *Lobet* intervint également pour évoquer l'affaire des fusillés de Souain.

L'après-midi, également sur le contre-projet communiste, intervinrent *Renaudel* et *Bouveri*.

Renaudel fit le procès de la surenchère bolchevique qui est exploitée contre l'amnistie et la retarde.

Lorsque le contre-projet communiste fut rejeté et la première partie du premier alinéa de l'article premier adoptée, *Calmon* et *Gamard* proposèrent différents amendements.

Le 12 juillet, *Chastanet* intervint sur l'alinéa 13 de l'article premier.

Au cours des longues séances du 12 juillet, se produisirent de nombreuses interventions socialistes. *Henri Tasso*, en faveur des révoqués des compagnies de navigation; *Frot*, pour le texte de la Commission concernant la réintégration des fonctionnaires; *Peirotes*, sur les commissions de triage en Alsace-Lorraine; parlèrent également sur les alinéas de l'article premier : *Bedouce*, *Barthe* et *Tasso*; sur l'ensemble de l'article 2, *Tasso*, *Gouin* et *Barthe* obtinrent que leurs amendements effaçant les infractions aux dispositions législatives concernant les boissons similaires de l'absinthe fussent incorporés au texte de la commission et votés par la Chambre. C'est au cours de cette séance que la Chambre, par 306 voix contre 212, adopta l'alinéa du texte de la Commission portant réintégration de plein droit des fonctionnaires et des cheminots. C'est également au cours de cette séance que la Chambre, en rejetant par 309 voix contre 207 l'amendement de M. Barillet tendant à la suppression de l'article 78 du Code pénal dans l'article 2 du projet, vota l'amnistie pour M. Caillaux et, un peu plus tard, en rejetant un amendement du même M. Barillet, par 338 voix contre 149, vota l'amnistie pour M. Malvy. Dans ces différents cas, le Groupe socialiste vota contre les amendements, pour le texte de la commission.

La discussion continua le 13 juillet. *Uhry*, *Cluzel*, intervinrent en faveur des insoumis. L'amendement que *Cluzel* défendait au nom du Groupe, tendant à l'amnistie pour les insoumis, fut rejeté par la Chambre ainsi qu'un autre amendement d'*Uhry* sur le même sujet, soutenu par lui et par *Renaudel*. *Gamard* intervint sur l'affaire des fusillés de Souain. Le garde des sceaux lui promit qu'un texte serait déposé concernant un recours en revision pour les affaires de Flirey et de Souain.

Bedouce et *Renaudel* intervinrent également sur l'article 5.

Le projet d'amnistie fut enfin voté dans la nuit du 14 juillet.

Au cours de ce dernier débat, *Peirotes,* qui avait déposé avec *Georges Weill* un amendement concernant les déserteurs de la légion étrangère, originaires d'Alsace-Lorraine, obtint satisfaction, ainsi du reste que pour une autre disposition concernant la répercussion de l'amnistie en Alsace-Lorraine. Sur les derniers articles, *Renaudel* fit plusieurs interventions, soit pour faire un large appel à la clémence de la Chambre, soit pour demander que la peine accomplie compt t dans le temps de service. Il obtint que les militaires ayant bénéficié de la grâce amnistiante ne fussent pas envoyés pour effectuer le complément de leur service dans les bataillons d'exclus.

Uhry intervint également à plusieurs reprises, ainsi que *Valière, Moutet, Bedouce, Sizaire, Théo Bretin, Héliès,* ce dernier en faveur des sociétés coopératives.

L'ensemble du projet d'amnistie fut voté par 325 voix contre 185; au moment du scrutin, sur l'ensemble, *Uhry* fit, au nom du Groupe, la déclaration suivante :

Le Parti socialiste votera la loi d'amnistie parce qu'elle constitue la loi la plus large qui ait été apportée dans un Parlement depuis 1880; le projet qui nous est présenté va demain rendre à la liberté des milliers de malheureux et redonner aux fonctionnaires et aux cheminots la place que la passion politique leur avait enlevée.

Sans doute, il y a dans ce projet quelques lacunes. La Commission qui avait élaboré un texte a cru devoir céder, quelquefois sous des influences de séance, croyant utile de faire de la conciliation pour obtenir l'acquiescement d'un plus grand nombre aux mesures de générosité.

Nous croyons sur ce point qu'elle a fait fausse route. Les déclarations de M. Maginot le prouvent, mais nous ne récriminons point.

Nous garderons de cette lutte de plusieurs jours où nous vîmes sans cesse les réacteurs se dresser contre la loi de pardon, la leçon qu'il faut que toutes les gauches se disciplinent et restent unies.

Cette union doit même s'étendre de la Chambre au Sénat, car nous ne voulons pas pour l'œuvre de progrès social que nous voulons accomplir, séparer les républicains de la Haute Assemblée de ceux de celle-ci.

Nous espérons que sous l'influence du Gouvernement, le Sénat adoptera le texte que nous avons voté.

Ainsi sera déçue la croyance de ces messieurs qui parlent toujours de la France.

Si nous les laissions faire :

> Nous aurions dans vingt ans,
> Sous les cieux que Dieu dore,
> Une France aux yeux troubles, aux regards clignotants,
> Qui haïrait l'aurore.

Le 31 juillet, dans l'impossibilité de faire voter l'amnistie par le Sénat avant la séparation des Chambres, le Gouvernement revint devant la Chambre avec un projet lui accordant la faculté de la grâce amnistiante et la possibilité de réhabilitation pour les militaires passés par les armes sans jugement.

Léon Blum montra que ce retard incombait au Sénat et que la majorité de la Chambre n'avait aucune espèce de responsabilité dans l'ajournement d'une mesure à laquelle elle s'était attachée. Il demanda au Gouvernement d'user de son autorité pour que la grâce amnistiante ne restât pas une simple fiction.

L'intervention d'André Berthon entraîna des protestations socialistes. *Thivrier, Vincent Auriol,* qui accusa Berthon de tenir deux langages, l'un à la tribune, l'autre à son banc ; *Compère-Morel,* qui s'étonna de voir Berthon ne faire aucune distinction entre le gouvernement de M. Poincaré et celui de M. Herriot alors que Tchitcherine avait adressé un télégramme de félicitation à l'actuel pré-

—sident du Conseil. *Valière* insista de nouveau au sujet de la réhabilitation des fusillés de Flirey. La discussion se poursuivit sur les articles. *Barbin*, appuyé par *Bedouce*, invita le Gouvernement à user d'énergie à l'égard des fonctionnaires qui, dans la question de la réintégration des cheminots, se joueraient des volontés du Parlement, et *Valière* demanda que le Gouvernement reprît l'article concernant le recours en revision pour les condamnations prononcées en temps de guerre.

Au moment du vote de l'ensemble, *Renaudel*, expliquant que le Groupe socialiste voterait le projet parce qu'il favorisait toujours des résultats positifs, déclara que le Parti Socialiste n'entendait pas se laisser brimer ni se laisser assoupir par le Sénat.

Le 26 août, notre camarade *Uhry* posa une question au ministre de la Justice pour savoir où en étaient les travaux de l'amnistie à la Commission sénatoriale et pour demander, en outre, l'usage qu'avait fait le Gouvernement du texte qui lui permettait d'appliquer la grâce amnistiante. La réponse du Ministre fut, sur le second point, satisfaisante. Le 15 décembre, le projet d'amnistie, modifié par le Sénat notamment en ce qui concerne l'amnistie pour les déserteurs, la réintégration des fonctionnaires et des cheminots et l'amnistie pour les victimes des lois scélérates, revint à la Chambre. Après une brève apostrophe de *Renaudel* demandant l'abrogation des lois scélérates, *Uhry* expliqua que l'amendement spécifiant la réintégration facultative des cheminots, ayant été repoussé par le Sénat, l'amnistie avait un caractère obligatoire malgré la modification du texte de la Chambre ; *Léon Blum* précisa que l'amnistie dans le cas d'une révocation de fonctionnaire ne pouvait être qu'une réintégration. Au nom de tout le Groupe socialiste, il déclara qu'il se refusait à admettre que la cessation concertée du travail dans les services publics ait le caractère d'une faute ou d'un délit et il montra qu'un service public, même concédé, restait soumis à l'autorité de l'Etat et que si les compagnies se refusaient à s'incliner devant la loi, elles encourraient tous les risques des cahiers des charges, y compris la déchéance.

Renaudel énuméra les cas nombreux où les compagnies

se refusent à des réintégrations, affirma que le Parti Socialiste poursuivrait celles-ci jusqu'au bout et que, si le Gouvernement avait besoin d'armes, la majorité les lui fournirait. *Chastanet, Lobet* appuyèrent *Renaudel. Lobet* donna des précisions supplémentaires sur la manière dont les compagnies entendent les réintégrations et démontra que celles-ci serviraient l'intérêt du pays. *Rognon*, président du Groupe de défense parlementaire des cheminots, signala que les compagnies imposaient trois conditions : la perte pour la retraite des quatre années pendant lesquelles le cheminot a été révoqué, la rétrogradation, le déplacement d'office. Ce n'est pas cela, déclara-t-il, qu'a voulu la majorité de la Chambre.

Ernest Lafont et Piquemal avaient repris par voie d'amendements l'ancien texte de la Chambre; après une intervention de *Barbin, Blum* les adjura de les retirer et de ne pas tomber dans un piège qui finalement ferait repousser la réintégration des cheminots. Lafont et Piquemal cédèrent aux abjurations de Blum, après une déclaration très nette du ministre des Travaux publics, et retirèrent leurs amendements.

Le débat se poursuivit le 16 décembre. Barthe intervint contre l'application de l'amnistie aux délits et contraventions concernant la loi sur l'appellation d'origine. *Renaudel* parla en sens contraire, la Chambre suivit la Commission et Renaudel.

M. Ybarnégaray ayant demandé la suppression de l'amnistie à l'égard de M. Malvy, *Renaudel* rappela les crimes du clemencisme et précisa que le devoir de la Chambre était d'effacer toute trace de cette iniquité. Après une intervention de *Gluaal, Uhry* fit adopter un amendement élargissant l'amnistie. Uhry parla, en outre, sur l'amendement de Berthon qui voulait faire bénéficier de l'amnistie les condamnés par contumace (Guilbeaux, etc.). Il expliqua qu'il n'était pas possible d'appliquer la grâce amnistiante à un homme qui n'est pas condamné définitivement mais qu'il espérait que le Gouvernement pourrait prendre des mesures spéciales de bienveillance pour ceux qui le mériteraient. Finalement, l'amnistie se trouva revotée par la Chambre et reprit le chemin du Sénat.

LE BUDGET

Le 5 novembre, la Chambre commença la discussion du Budget au cours de laquelle *Vincent Auriol*, président de la Commission des Finances allait, avec le prestige de sa fonction, ses qualités techniques et son autorité personnelle, jouer un rôle considérable. Conformément à la décision du Groupe, des orateurs délégués intervinrent dans la discussion de chaque budget particulier pour apporter et préciser la pensée socialiste.

L'Agriculture.

Le budget de l'Agriculture fut discuté le premier; *Compère-Morel*, rapporteur, après un exposé documenté et précis, lia le développement des conditions de la production à l'amélioration de la vie des travailleurs agricoles. Il faut, dit-il, que le salarié agricole disparaisse et, en attendant qu'il disparaisse, il faut lui appliquer les lois sociales. Il conclut en s'élevant contre le budget inopérant de l'agriculture, 192 millions sur un budget total de 32 milliards.

Après *Chastanet*, qui énonça les conditions de retour à la terre, *Chaussy* attira l'attention du Ministre sur la politique du blé et la politique du pain en incitant notamment le Gouvernement à établir le monopole de l'importation des blés étrangers.

Barthe parla de la question des fraudes et du problème viticole. *Valière* demanda un effort financier en faveur de l'agriculture et développa une politique agricole d'ensemble.

Barthe, Fontanier, Goniaux, Betoulle et *Bouveri* parlèrent sur les chapitres.

La Chambre termina dans la matinée du 7 novembre la discussion du budget de l'agriculture. *Barthe, Compère-Morel*, rapporteur, *Calmon* parlèrent sur les chapitres.

La Justice (services pénitentiaires).

La Chambre commença le 12 novembre la discussion du budget de la Justice par celui des services pénitentiaires, au cours de laquelle *Cluzel* demanda la suppression des prisons de petites villes et obtint une réduction de crédits sur ce chapitre.

Les Travaux publics.

La Chambre aborda, le 12 novembre, la discussion du budget des Travaux publics. Dans la discussion générale, *Evrard* présenta un certain nombre d'observations, afin de développer les voies navigables; il demanda en outre l'élaboration d'un code fluvial. *Gouin* exposa la thèse socialiste concernant les mines pour lesquelles il demanda la nationalisation industrialisée; en attendant que ces propositions soient discutées, il réclama la revision des concessions accordées, soit en vertu de la loi de 1810, soit de la loi de 1919. Le député des Bouches-du-Rhône conclut en attirant l'attention du Gouvernement sur un nouvel aménagement de la législation sociale concernant les mineurs, point sur lequel *Charles Baron*, président de la Commission des Mines, intervint également à son tour.

Mistral développa également les idées socialistes en ce qui concerne les forces hydrauliques et se préoccupa de la suite que le Gouvernement allait donner au projet de l'aménagement du Rhône. Le rapporteur, *Varenne*, approuva les idées émises par Evrard, Gouin, Baron et Mistral et exposa un projet qui lui est cher, la création d'un office des routes.

Barthe et *Renaudel* intervinrent sur les chapitres. C'est également sur les chapitres que parlèrent, le 13 novembre, *Charles Baron, Cluzel, Nouelle*.

L'Intérieur.

Bouveri intervint dans le budget de l'Intérieur pour demander le rétablissement du crédit de subvention aux communes pour les sapeurs-pompiers et leur matériel d'incendie. Il obtint satisfaction. Ce même jour, 13 novembre, se produisit, à propos du chapitre 41 (agents secrets de la Sûreté générale) un vif débat politique. *Lebas* défendit un amendement qu'il avait déposé au nom du groupe, ainsi libellé : « Dépenses de la Sûreté générale soumises à des règles particulières de contrôle » pour faire disparaître le caractère secret de ce crédit de 1.500.000 francs. Cachin ayant demandé la suppression du crédit, *Léon Blum* intervint pour expliquer les raisons qu'avait le Groupe socialiste de voter l'amendement Lebas. Il en énuméra deux : le vote contre les fonds secrets était une des formes de l'opposition socialiste au Gouvernement, opposition qui n'existe plus aujourd'hui ; l'autre raison était l'hostilité à certains procédés de police. S'il avait existé un contrôle spécial en 1910, précisa Léon Blum, il n'y aurait eu ni Métivier, ni le massacre de Villeneuve-Saint-Georges.

L'amendement de Marcel Cachin fut d'abord mis aux voix ; *Léon Blum* indiqua que jusqu'à la dernière minute, le Groupe socialiste était décidé à s'abstenir sur l'amendement de Cachin, mais qu'en présence de la manœuvre de la Droite, qui s'apprêtait à voter pour, les socialistes voteraient contre.

L'amendement de Marcel Cachin fut repoussé par 337 voix contre 200. L'amendement de Lebas, accepté par le Gouvernement, fut ensuite adopté par 307 voix contre 224.

Ports, Marine marchande et Pêche.

Dans la matinée du 14 novembre, la Chambre discuta la deuxième section du budget des travaux publics qui a trait aux ports, à la marine marchande et à la pêche.

Dans la discussion générale, après une intervention de *Cantvelle* sur l'application des huit heures à la Marine marchande, et les observations de *Barthe*, sur les abus du monopole du pavillon dans la Méditerranée, *Bouisson* soutint la thèse socialiste de la flotte d'État et développa l'économie d'un projet dans lequel la Marine marchande ne serait plus envisagée comme un but entre les mains des armateurs et des compagnies, mais comme un moyen entre les mains de l'Etat pour faire prospérer le pays.

Le 15 novembre, la discussion se poursuivit, *Masson* signala au Gouvernement l'intérêt qu'il y avait à moderniser les bateaux de pêche et demanda l'ouverture d'un crédit que puissent utiliser les pêcheurs et les petits armateurs, tandis qu'*Henri Tasso* insistait particulièrement sur la situation des pêcheurs de la Méditerranée et qu'*Auguste Reynaud*, parlant sur le même sujet, demandait l'amélioration du ravitaillement en combustibles liquides des navires de pêche. Après des observations de *Canavelli* et de *Bouisson*, *Hubert-Rouger* plaida la cause d'un certain nombre de mariniers et de bateliers qui naviguent à l'embouchure des fleuves.

Masson parla ensuite, lors de la discussion de certains chapitres.

L'Instruction publique.

Dans la discussion générale du budget de l'Instruction publique, le 18 novembre, *Gamard*, après avoir abordé la question de l'amnistie pour les fonctionnaires de l'enseignement indiqua la thèse du Parti Socialiste sur l'École Unique, puis développa la question des bourses qu'il est nécessaire d'augmenter, tandis que *Moutet* signalait le désir des professeurs des classes élémentaires de voir respecter leurs statuts.

Le 19 novembre, *Fontanier* appela l'attention du Ministre sur la situation des surveillants d'internat.

Fontanier intervint également dans la discussion des chapitres ainsi que J. *Jacquin*, *Nouelle*, *Cadot*, *Claussat* et *Charles Baron*.

Sur le budget de l'*Aéronautique*, *Gouin* intervint le 20 novembre.

Ministère des Finances.

Dans la discussion générale du budget du Ministère des Finances, *Hubert-Rouger* attira l'attention du Ministre des

Finances sur le cas des percepteurs stagiaires et sur l'indemnité de recouvrement. *Barthe* le questionna sur la situation de la Banque de France et demanda que, faisant un effort, elle mît au service de notre crédit public ses bénéfices supplémentaires. Au cours de cette discussion, à la suite d'un incident avec les communistes, *Raoul Evrard* fit observer à Marcel Cachin qu'il était allé en Italie et en Russie pendant la guerre avec l'argent des fonds secrets.

Sur les chapitres, *Chastanet* et *Charles Baron* signalèrent à propos de la liquidation des stocks, des gaspillages éhontés.

Le lendemain, 21 novembre, *Chastanet* intervint de nouveau sur les chapitres, ainsi qu'*Albert Paulin*, *Cluzel* et *Calmon*, qui soutint un amendement ayant trait au personnel de l'enregistrement.

La discussion des chapitres du Ministère des Finances se poursuivit le 24 novembre; *Cluzel*, *Calmon*, *Canavelli*, *Léon Escoffier*, *Locquin*, *Chastanet* présentèrent diverses observations.

La Justice (Suite).

Dans l'après-midi du 24, la Chambre revint au budget de la Justice. *Serol* demanda la suppression d'un certain nombre de tribunaux inutiles, puis exposa les revendications socialistes en ce qui concerne les réformes judiciaires, la mise en liberté provisoire, l'abrogation du fameux article 10 du code d'instruction criminelle, la démocratisation de la justice par l'entrée des ouvriers dans les jurys d'assises. *Escoffier*, *Gouin*, *Cluzel*, *Sixaire* appuyèrent les observations de Serol.

Sur les chapitres intervinrent *Escoffier*, *Cluzel* qui invita, ainsi que le demandait Moutet à la Commission, le Gouvernement à déposer un projet de loi réalisant une meilleure organisation de la justice; *Gouin*, qui proposa après les explications détaillées de *Serol* et d'*Escoffier*, d'augmenter de 900.000 francs les indemnités allouées aux jurés et qui obtint gain de cause.

Postes et Télégraphes.

Dans la discussion du budget des P. T. T. qui vint le 25 novembre, *Chastanet* décrivit le travail des employés et suggéra une série de réformes pratiques. *Canavelli* demanda au Gouvernement de réaliser la péréquation et le réajustement des traitements des P. T. T. et préconisa une série d'améliorations techniques. *Février* examina la réforme administrative et financière réalisée dans le budget discuté présenta et développa la conception du service public mis à la disposition de la nation par l'association des représentants du personnel et des usagers. *Hubert Rouger* signala au Sous-Secrétaire d'Etat la situation de certains facteurs-receveurs. L'après-midi, *Canavelli*, *Frot* et *Uhry* intervinrent également.

Sur les chapitres qui furent discutés le 27 novembre, parlèrent *Canavelli*, *Chastanet*, *Masson* qui demanda pour le personnel différentes améliorations, *Février*, *Cayrel*, *Rognon*.

Dans la discussion générale de la Caisse d'Epargne, *Chastanet* déplora que les services financiers ne fussent pas mieux organisés. *Boudet* énonça une série d'améliorations à réaliser dans le fonctionnement de cet organisme, *Cluzel* protesta contre la création de succursales inutiles.

Les Régions libérées.

Après le budget des P. T. T. ce fut le tour, le 27 novembre, du budget des Régions libérées. *Uhry* invita le ministre des Régions libérées à exposer son programme et, après avoir posé un certain nombre de questions à M. Dalbiez, insista sur le sort des stocks de la Ruhr. *Claussat* énuméra avec précision une série de gaspillages scandaleux et d'abus éhontés et prouva, appuyé par *Evrard* et *Félix* que les larves et les requins ont tout pris dans les régions dévastées et au moins deux fois plus qu'il ne leur revenait.

La discussion se poursuivit le lendemain matin. *François Lefebvre* appela l'attention du Gouvernement sur une certaine catégorie de sinistrés, les villes et les communes soutenu par *Léon Escoffier* qui, en outre, par une intervention, invita le Ministre à agir auprès de son collègue des finances pour que la reconstruction se poursuive rapidement dans les régions envahies et que la situation financière de cette année ne se renouvelle plus. Après des observations de *Goniaux*, le débat fut renvoyé au 29 novembre où *Evrard*, *Goniaux* intervinrent pendant cette dernière séance.

Les Pensions.

Dans la discussion générale des pensions, après des observations d'*Hubert Rouger* sur les facteurs ruraux et de ville nommés à titre de mutilés de guerre, *Calmon* traita des mutilés malades dont l'invalidité est journellement sous-estimée par les sous-commissions.

Sur les chapitres, *Sixaire*, *Chastanet*, *Rognon* et *Nouelle* parlèrent, ainsi qu'*Evrard*.

L'Alsace-Lorraine.

Ce même jour, 1er décembre, la Chambre aborda le budget de l'Alsace-Lorraine où intervint, en outre du rapporteur *Moutet*, sur les chapitres, *Georges Weill*. Ce débat se poursuivit le 2 décembre, *Georges Weill*, *Peirotes* et *Moutet* firent différentes observations. Sur la question des langues, *Peirotes* insista pour que les intérêts des accusés ne fussent pas compromis par les difficultés de langage devant les tribunaux.

L'Enseignement technique.

Dans la discussion générale du budget de l'enseignement technique, le 2 décembre, *Locquin*, rapporteur du budget de l'enseignement technique, énonça la règle de l'enseignement technique qui est d'être en éveil et de se mettre au service du commerce et de l'industrie. Il expliqua que le budget de cet enseignement a été doublé et passe de 50 à 100 millions et qu'il s'adresse à 850.000 jeunes gens des deux sexes; il énuméra les nouvelles écoles à créer, insista sur la réorganisation de l'apprentissage, rappela que ce fut la première association internationale des travailleurs qui le mit à l'ordre du jour de son premier congrès et que c'est sous la commune que fut ouverte, par Edouard Vaillant, la première école professionnelle; il conclut en faisant l'éloge de l'enseignement technique qui non seulement accroît la prospérité nationale, mais augmente la valeur sociale de chacun.

Après des observations de *Rognon* dans la discussion générale, *Saint-Venant*, *Gouin* et *Peirotes* intervinrent sur les chapitres, ainsi que naturellement *Jean Locquin Mistral* et *Henri Tasso*.

Les Chemins de fer d'Alsace-Lorraine.

Dans la discussion générale sur le budget des chemins de fer de l'Alsace-Lorraine, le 3 décembre, *Peïrotes* montra que la volonté unanime de la population alsacienne et lorraine était pour le maintien du régime d'État sur les chemins de fer alsaciens-lorrains et signala les revendications des cheminots, auxquels on pourrait donner satisfaction en améliorant l'exploitation du réseau.

Le rapporteur, *Moutet*, répondit à la droite qui le critiquait de s'être prononcé pour le maintien du réseau comme réseau d'État, développa la thèse socialiste en ce qui concerne la nationalisation industrialisée des chemins de fer et conclut en combattant les Compagnies privées, dont la gestion déficitaire ne peut être comparée à celle des chemins de fer d'Alsace-Lorraine qui est très supérieure à celle de l'Est auquel le Bloc National voulait le concéder.

Le Budget des conventions.

Le 4 décembre, dans la discussion du budget des conventions avec les chemins de fer, *Renaudel* aborda la question de la réintégration des cheminots, démontra que le contrôle de l'État sur les comptes des Compagnies était insuffisant, signala différents abus qui furent corroborés par *Cayrel*, lequel évoqua la situation de la Compagnie du Midi qui a constitué un consortium de l'énergie électrique. *Lobet* exposa les revendications des cheminots concernant leur salaire, ne négligea pas la question des réintégrations et demanda que le Gouvernement soit énergique à l'égard des Compagnies.

Sur les chapitres, *Louis Cluzel*, appuyé par *Renaudel* et *Tasso* demanda de réserver un chapitre, le chapitre 105 (avances aux fonds communs des compagnies) jusqu'au vote de la proposition de résolution déposée par le Groupe socialiste, invitant le Gouvernement à déposer un projet de loi revisant les conventions en présence de la mauvaise volonté manifeste des Compagnies de chemins de fer de réintégrer les cheminots.

Reynaud et *Barabant* signalèrent le démembrement des chemins de fer qui cèdent sans autorisation un certain nombre de leurs services à des sociétés privées.

Sur le chapitre 92 : annuités aux compagnies concessionnaires de chemins de fer, *Renaudel* qui avait déposé au nom du Groupe un amendement tendant à réduire de 17 millions et demi ce crédit, fut soutenu par *Moutet* qui montra que le montant des annuités n'était pas encore exactement décidé et que le parti socialiste était le défenseur stricte des intérêts généraux en face des intérêts privés. Moutet justifia en outre la nécessité absolue d'un contrôle plus efficace de l'Etat sur les Compagnies. Malgré le rapporteur et le Gouvernement, l'amendement de Renaudel fut adopté par 285 voix contre 279.

Lobet et *Goniaux* signalèrent la situation du personnel. Sur le chapitre 105 se produisit un court débat, le Ministre des Travaux publics ayant déclaré qu'il acceptait le principe de la réintégration des cheminots, dont Cluzel avait parlé précédemment, celui-ci retira sa proposition de réserver le chapitre 105. Piquemal reprit la proposition Cluzel qui fut repoussée par 426 voix contre 134, les socialistes ayant voté pour.

Sur le chapitre 94, il y avait également une réduction de crédits de 19 millions concernant des annuités aux Compagnies du Nord et du P.-L.-M. proposée sous forme d'amendement par *Renaudel* au nom du Groupe. Etant donné le vote qui venait d'être émis sur le chapitre 92, le rapporteur, M. Tinguy du Pouet capitula, le Gouvernement céda, et, sans coup férir, la réduction des crédits fut acceptée par la Chambre.

Le 5 décembre, la Chambre reprit la discussion du budget des Travaux publics, *Renaudel* demanda avec instance au Gouvernement, ainsi que *Reynaud*, de séparer la question de l'augmentation des salaires des cheminots de celle de l'élévation des tarifs, tandis qu'*Escoffier* signalait au Ministre des Travaux publics un consortium de pétrole créé au mépris de la loi par les Compagnies.

La Marine.

Dans la discussion du budget de la, marine, qui commença le même jour, *Reynaud* présenta des observations sur le personnel supérieur de la marine, demanda des améliorations et apporta les doléances des travailleurs de la marine. *Pouzet* démontra qu'une politique de bâtiments de haut-bord serait une politique de faste et qu'il fallait orienter de plus en plus la flotte française dans le sens de la construction des petites unités, qui permettrait d'ailleurs de réduire les effectifs. Après avoir redonné plus de liberté pour les marins, Pouzet annonça son intention de déposer un projet de meilleure utilisation des arsenaux.

Goude développa la conception de l'industrialisation des arsenaux, invita le Ministre à introduire les principes républicains dans l'administration de ceux-ci et termina en demandant au Gouvernement d'établir dans l'administration de la Marine, le salaire national.

La discussion du budget de la Marine se poursuivit le 8 décembre; *Goude* fit de nombreuses interventions sur les chapitres, notamment sur le relèvement des salaires des ouvriers des arsenaux, sur les aumôniers de la marine. Il obtint une augmentation de crédits pour améliorer la situation du personnel technique ainsi qu'un engagement du Ministre de faire un effort dans le sens du salaire national. *Pouzet* intervint également sur la situation du personnel.

La Guerre.

Le mardi 9 décembre, dans la discussion des chapitres du ministère des Beaux-Arts, *Léon Blum, Chastanet, Locquin* firent différentes observations, puis la Chambre aborda le budget de la Guerre.

Paul-Boncour vint développer à la tribune les rapports entre la réorganisation nécessaire de l'armée et la réduction du service militaire.

Succinctement, il exposa les trois termes de la réorganisation militaire : une école de recrues, une armée servant à la fois de perfectionnement à l'instruction et de couverture à une mobilisation éventuelle et des centres mobilisateurs qui permettent de mobiliser la totalité de la nation. Le député du Tarn conclut en invitant le Ministre de la Guerre à briser toutes les résistances, pour que la classe qui partira en 1925 bénéficie du régime nouveau de réduction militaire.

Après que *Renaudel*, le 11 décembre, eut joint ses observations à celles de Boncour et développé la thèse de la nation armée, *Spinasse* déplora la détresse des établissements de la guerre où se manifeste la triple crise du personnel de direction, du personnel de maîtrise, du personnel ouvrier, il pressa le Ministre d'inaugurer dans les manufactures des formes de production industrielle délibérative et contractuelle de manière que les usines de l'Etat puissent servir de régulateur de prix à l'industrie française.

La réorganisation de l'armée doit s'accompagner de la réorganisation de la justice militaire, *Frot* vint exprimer l'opinion du Parti Socialiste sur cette question, il voudrait que ce ne soit plus la qualité de soldat, mais la nature du délit qui détermine la juridiction. Il voudrait que des magistrats civils soient placés à côté des juges militaires dans les conseils de guerre et que soit enfin résolue pour les condamnés la question du droit sacré de l'appel; enfin il réclama la suppression immédiate de ce qu'on a appelé les bagnes militaires.

Dans la discussion des chapitres, *Clusel*, qui avait déposé un amendement au nom du Groupe Socialiste tendant à obtenir une réduction du crédit de 500.000 francs à l'égard du personnel militaire de l'administration centrale, le fit adopter par la Commission, le Gouvernement et la Chambre. Sur le chapitre 16, *Renaudel* s'éleva contre les convocations de réservistes, tant que le régime militaire n'aura pas été remanié. M. Maginot ayant déposé un amendement tendant à rétablir le crédit pour la convocation des réservistes le vit repousser par 320 voix contre 225.

C'est au cours de ces débats que *Vincent Auriol*, président de la Commission des finances, qui était intervenu à chaque séance de la discussion du budget, pour adjurer la Chambre de se hâter, signala qu'en raison d'une imprévoyance regrettable dont l'ancienne majorité était responsable, 22 milliards de francs d'obligations de la Défense Nationale et de Bons du Trésor pourraient être présentés au remboursement de juillet à septembre prochain et qu'ainsi, il était absolument nécessaire d'avoir un budget en équilibre le plus tôt possible.

Le 12 décembre, *Chastanet* suggéra une modification des dates de convocation des jeunes soldats. Sur le chapitre concernant le solde de l'infanterie, *Ferdinand Morin* et Brigault proposèrent de réduire les crédits de 20 millions à titre d'indication sur le nombre des officiers. Nous avions en 1914, dit Morin, 33.770 officiers pour un effectif de 834.000 hommes. En 1923, nous avons 34.478 officiers pour 698.000 hommes ; mis aux voix après une intervention de *Barabant*, l'amendement de Morin fut accepté par 287 voix contre 275.

Sur les chapitres parlèrent *Chastenet*, des permissions agricoles, ainsi que *Louis Cluzel*, *Labatut*, des équipes agricoles ; *Paul-Boncour*, de l'égalité de tous devant le service militaire ; *Bouveri*, du choix du terrain de l'atterrissage dans l'aviation. Sur le chapitre concernant la solde de la gendarmerie, un véritable débat s'engagea. *Morin* et *Brigault* avaient déposé un amendement réduisant le crédit de plus de 4 millions, car la création de cinq secteurs de gendarmerie était, déclara *Morin*, inutile et fort coûteuse, et il signala en outre d'autres abus. *Charles Baron* intervint pour appuyer Ferdinand Morin. *Marquet* exhorta les socialistes à prendre sur ce point une position de principe. Vous ne pouvez, dit-il, à la fois demander que de jeunes soldats soient uniquement instruits en vue de la défense nationale et leur imposer des nécessités de services visant la défense intérieure. La gendarmerie aura donc dans l'organisation intérieure un rôle à jouer et il adjura le Ministe de la Guerre d'accepter l'amendement Morin.

Un amendement de Ferdinand Faure tendant à réduire de 20 millions ce crédit fut d'abord mis aux voix. 106 voix se prononcèrent pour, dont une partie du Groupe socialiste et 430 voix contre.

L'amendement Morin, pour lequel vota le Groupe, fut repoussé à son tour par 378 voix contre 166.

Charles Baron qui intervint également au sujet de la Garde républicaine, réclama une réduction de 50.000 francs sur le crédit de la justice militaire à titre d'indication pour la réforme des conseils de guerre.

La discussion du budget de la Guerre se poursuivit le 13 décembre, *Charles Baron* revint sur la suppression des conseils de guerre, enregistra la double promesse du Ministre et de la Commission d'obtenir une réforme profonde de la justice militaire et obtint satisfaction puisque le chapitre fut réduit de 50.000 francs. *Voilin* appela l'attention du Ministre sur les expéditionnaires des établissements de la Guerre; *Spinasse* exposa sur la nécessité de faire un essai d'industrialisation dans un établissement de la Guerre. *Albert Paulin* signala au Ministre de la Guerre l'état d'un dépôt d'artillerie, puis intervinrent *Cluzel* sur le recrutement de la cavalerie. *Marquet*, à propos de la nourriture des troupes, demanda au Ministre de constituer des Commissions de spécialistes pour s'occuper de ces questions, ce dont le Ministre promit de tenir compte. *Calmon*, appuyé par *Escoffier* et *Paulin*, signala les abus des stations thermales militaires où les anciens soldats sont placés dans un régime d'inégalité vis-à-vis des officiers. *Paul-Boncour, Jean Payra* et *Renaudel* firent obtenir un relèvement de crédits pour la préparation militaire, c'est-à-dire, dit Paul-Boncour, pour l'éducation physique. *Marquet* suggéra au Ministre de construire des hôpitaux mixtes civils et militaires. Puis, le budget de la guerre se trouva voté, les chapitres concernant le Maroc et la Syrie étant joints au budget des Affaires étrangères.

L'UNITÉ DE VOTE

Du 1er juin au 27 août (clôture de la session ordinaire), la Chambre a procédé à 50 scrutins publics.

Du 4 novembre jusqu'au 16 décembre (vote d'ensemble sur l'Amnistie), à 36 scrutins publics.

Soit, du 1er juin au 16 décembre, un total de 86 scrutins publics.

D'après le *Journal officiel*, une vingtaine de scrutins accusent des votes différents de la part des membres du Groupe. Mais il importe de remarquer que : 1° le président de la séance s'abstient de prendre part à tous les scrutins ; 2° dans les scrutins publics à la tribune, la mention « n'ont pas pris part au vote » s'applique aussi bien aux absents qu'aux abstentionnistes ; 3° le mode de votation de l'Assemblée conduit à des erreurs sérieuses dans la détermination des votes que le contrôle imparfait du pointage ne suffit pas à éliminer.

Après avoir élagué certains scrutins dans lesquels la diversité des votes était due aux deux premières raisons énumérées plus haut ou bien résultait d'inexactitudes par trop marquées dans la classification, nous donnons ci-dessous une liste de scrutins où le groupe se divisa.

Il est possible, d'ailleurs, dans de nombreux cas, qu'il ne s'agisse pas de divergences politiques, mais simplement d'erreurs matérielles.

Scrutin n° 11. — Sur le projet de loi portant ouverture et annulation de crédits sur l'exercice 1923. Pour, 526 ; contre, 26.

Tout le Groupe a voté pour, sauf : Bouisson (qui présidait), Labattut qui s'est abstenu.

Scrutin n° 12 (2e séance du 28 juin). — Sur l'article 3 du projet de loi portant ouverture sur l'exercice 1924 de crédits provisoires au titre du budget des dépenses recouvrables applicables aux mois de juillet à novembre. Pour, 450 ; contre, 26.

Parmi ces crédits, figuraient les dépenses d'occupation militaire de la Ruhr.

63 membres du Groupe se sont abstenus. Ce sont :

Albert Sérol, Basly, Beauvillain, Bernard (Pas-de-Calais), Bétoulle, Blum, Bonin, Bouveri, Briffaut, Brigault, Buisset, Cadenat, Cadot, Camille Bénassy, Canavelli, Carmagnolle, Ch. Baron, Chastenet, Chauly, Chaussy, Compère-Morel, Coppeaux, Couteaux, Delory, Escoffier (Nord), Evrard, Félix Gouin, Ferrand, Gamard, Richard Georges, Goniaux, Goude, Hubert-Rouger, Labatut, Lebas, F. Lefebvre (Nord), Lobet, Locquin, Louis Cluzel, Maës, Masson, Mistral, Ferdinand Morin, Nadi, Nouelle, Parvy, Paul Faure, Plet, Ponard, Paul Poncet, Pressemane, Saint-Venant, Spinasse, Théo Bretin, Tilloy, Uhry, Valières, Voilin, Alexandre Varenne, qui présidait, Paul Constans, Jean Martin, Boudet et Thivrier.

39 membres du Groupe ont voté pour :

Albert Paulin, Antonelli, Vincent Auriol, Barbin, Barthe, Bedouce, Bouisson, Breton, Calmon, Capgras, Cayrel, Chacun, Claussat, Darme, Eldin (Sully), Félix Jean, Février, Fontanier, Frot, Georges Weill, Gerboud, Gros, Héliès, Henri Tasso, Heuzé, Marquet, Moutet, Nicollet, Paul-Boncour, Payra, Peirotes, Pélissier, Pouzet, Puechmaille, Renaudel, Auguste Reynaud, Rieux, Rognon, Sixaire.

A propos de ce scrutin, le Groupe Socialiste au Parlement, à l'unanimité moins trois voix, a voté, le 3 juillet, la motion suivante, présentée par Léon Blum :

Le Groupe juge préférable de ne pas ouvrir le débat sur un incident d'ordre exceptionnel, né d'un ensemble de malentendus purement fortuits dont il serait contraire à l'intérêt du Parti d'étendre les répercussions soit dans son sein, soit au dehors, et dont tous ses membres sont résolus au même titre à prévenir le retour.

Léon Blum, sous le titre : « Un incident parlementaire », a écrit, dans le *Populaire* du 2 juillet, un article d'explication concernant ce scrutin.

Scrutin n° 18 (séance du 9 juillet). — Sur la fixation après le projet de loi relatif à l'Amnistie, de la discussion des opérations électorales du département de l'Aveyron. Pour, 213 ; contre, 282.

Tout le Groupe a voté contre, sauf *Labatut* qui s'abstint et *Paul Constans,* absent par congé.

Scrutin n° 21 (2° séance du 11 juillet). — Sur le contre-projet d'André Marty au projet de loi relatif à l'Amnistie.

Pour, 34; contre, 403.

Tout le Groupe s'est abstenu, sauf *Frot*, qui a voté contre.

Scrutin n° 39 (1re séance du 31 juillet). — Sur l'amendement de M. Bonnet de Paillerets au projet de loi portant répartition du fonds de subvention aux départements pour l'exercice 1925. L'amendement de M. de Paillerets tendait à maintenir les crédits antérieurs et visait le mode de répartition suivant les départements.

Pour, 287; contre, 258.

11 socialistes ont voté pour, 2 se sont abstenus et le reste du Groupe a voté contre.

Scrutin n° 55 (2e séance du 13 novembre). — Sur l'amendement de Cachin, tendant à la suppression du chapitre 41 du budget de l'Intérieur (agents secrets de la Sûreté générale).

Pour, 200; contre, 337.

Tout le Groupe a voté contre, sauf : *Canavelli*, *Labatut* et *Sully-Eldin* qui se sont abstenus.

Scrutin n° 62 (2e séance du 28 novembre). — Sur l'addition des mots « et de 1919 à 1924 » à la demande d'enquête de Jean Félix concernant l'Union des Intérêts Economiques.

Pour, 246; contre, 299.

Tout le Groupe a voté contre, sauf : *Labatut*, *Gamard*, *Locquin*, qui ont voté pour.

Scrutin n° 67 (2e séance du 4 décembre). — Sur l'amendement de Cluzel, repris par Piquemal, tendant à réserver le chapitre 105 du budget des conventions et garanties d'intérêt (avances aux fonds commune, annuités des obligations émises par les réseaux en couverture de ces avances).

Pour, 134; contre, 426.

Tout le Groupe a voté pour, sauf *Varenne*, qui présidait et s'est abstenu.

Mais, le 5 décembre, parlant sur le procès-verbal, Renaudel fit la déclaration suivante : « Au *Journal officiel* d'hier, je suis porté comme ayant voté pour la proposition tendant à réserver l'article 105, or, au cours de la discussion, j'avais indiqué que je ne voterais pas cette proposition, puisque nous avions obtenu satisfaction sur un certain nombre de points. Je demande que mon vote soit rectifié en conséquence. »

Scrutin n° 71 (2° séance du 9 décembre). — Sur la priorité de l'ordre du jour de MM. Cazals, Violette, Thomson et du citoyen Léon Blum (interpellation d'Ernest Lafont et Bourlois, concernant l'affaire de Bobigny).

Pour, 319; contre, 29.

Tout le Groupe a voté pour, sauf : *Boudet, Labatut, Voilin,* qui se sont abstenus.

Scrutin n° 72 (séance du 10 décembre). — Scrutin à la tribune, sur la demande d'enquête concernant l'élection de M. Joseph Barthélemy dans le département du Gers.

Pour, 134; contre, 210.

Les membres du Groupe présents ont voté pour, sauf : *Labatut* et *Rieux,* qui ont voté contre; *Vincent Auriol* et *Bedouce, retenus* à la Commission des Finances.

Scrutin n° 75 (2° séance du 12 décembre). — Sur l'amendement de Ferdinand Faure au chapitre 28 du budget de la Guerre tendant à réduire la solde de la gendarmerie.

Pour, 106; contre, 430.

Tous les membres du Groupe ont voté pour, sauf neuf, qui ont voté contre. Et vingt-cinq qui se sont abstenus.

Scrutin n° 77 (2° séance du 12 décembre). — Sur l'amendement de Cornavin au chapitre 37 du budget de la Guerre tendant à réduire de nouveau le crédit affecté au service de la justice militaire.

Pour, 36; contre 313.

Les membres du Groupe ont voté contre, sauf : *Labatut* qui a voté pour; *Cluzel* et *Calmon,* qui se sont abstenus.

Scrutin n° 83 (séance du 16 décembre). — Sur le rétablissement du paragraphe 29 de l'article 1er du projet de loi modifié par le Sénat, relatif à l'Amnistie.

Ce paragraphe tendait à amnistier les délinquants à la loi sur l'appellation d'origine.

Pour, 313 ; contre, 213.

Les membres du Groupe ont voté pour, sauf : 20 d'entre eux qui ont voté contre et 1 qui s'est abstenu.

Scrutin n° 85 (séance du 16 décembre). — Sur l'amendement d'André Berthon à l'article 13 du projet de loi modifié par le Sénat. Cet amendement tendait à rendre possible l'application de la grâce amnistiante aux condamnés par contumace.

Pour, 34 ; contre, 523.

Tous les membres du Groupe ont voté contre, sauf : *Labatut*, qui s'est abstenu et *Antonelli*, absent par congé.

Propositions et Rapports

déposés par les Membres du Groupe Socialiste
au Parlement

I. Rapports et Avis déposés au nom de Commissions
par des membres du Groupe.

132. — 26 juin : *Jean Locquin*. — Commisson des crédits : report de crédits de 1923 à 1924.

173. — 28 juin : *Édouard Barthe*. — Commission du règlement : nomination d'une Commission des boissons.

187. — 30 juin : *Jean Locquin*. — Commission des crédits : report de crédits de 1923 à 1924. (Adopté avec modifications par le Sénat.)

244. — 9 juillet : *Chastanet*. — Commission du règlement : nomination d'une Commissson d'enquête concernant les réparations en nature.

263. — 10 juillet : *Jean Locquin*. — Commission de l'enseignement et des beaux-arts : reconnaissance de la qualité d'agents de l'Etat aux agents de service des lycées nationaux.

264. — 10 juillet : *César Bernard*. — Commission de l'enseignement et des beaux-arts : création d'écoles primaires pour les enfants des bateliers.

285. — 11 juillet : *Lobet*. — Commission des travaux publics : tendant à l'abrogation du décret du 15 septembre portant règlement d'administration publique pour l'application de la loi du 23 avril 1919 sur la journée de huit heures aux agents des grands réseaux d'intérêt général.

340. — 29 juillet : *E. Antonelli*. — Commission d'assurance et de prévoyance sociales : sur une proposition de loi relative à l'assistance obligatoire aux vieillards, aux infirmes et aux incurables privés de ressources.

370. — 30 juillet : *L. Escoffier.* — Commission des régions libérées : sur une proposition de résolution concernant la Commission des régions libérées.

493. — 25 août : *L. Escoffier.* — Commission de législation civile et criminelle : sur : 1° un projet de loi réglementant le paiement par chèque des effets de commerce ; 2° une proposition de loi de M. Louis Marin réglementant le paiement par chèque des effets de commerce.

504. — 27 août : *Compère-Morel.* — Commission des finances : budget général de l'agriculture, exercice 1925.

506. — 27 août : *Marius Moutet.* — Commisssion des finances : budget des services d'Alsace et de Lorraine, exercice 1925.

515. — 27 août : *Jean Locquin.* — Commission des finances : budget général de l'enseignement technique, exercice 1925.

519. — 27 août : *Alexandre Varenne.* — Commission des finances : budget général des travaux publics, exercice 1925.

527. — 27 août : *Marius Moutet.* — Commission des finances : budget des manufactures de l'État, d'Alsace et de Lorraine.

528. — 27 août : *Marius Moutet.* — Commission des finances : budget des chemins de fer d'Alsace et de Lorraine.

533. — 27 août : *Jean Locquin.* — Commission des finances : budget annexe de l'École Centrale des arts et manufactures.

775. — 24 novembre : *Compère-Morel.* — Commission des finances : crédit destiné aux agriculteurs pour leur faciliter l'achat d'engrais azotés.

826. — 24 novembre : *Compère-Morel.* — Commission des finances : sur un projet de loi tendant à assurer l'approvisionnement en blé, en farine et en pain.

794. — 25 novembre : *Edouard Barthe.* — Commission de l'agriculture : sur un projet de loi tendant à compléter la loi du 4 février 1888 concernant la répression des frau-

des dans le commerce des engrais. (Fait au cours de la précédente législature.)

735. — 25 novembre : *Léon Escoffier*. — Commission de la législation civile et criminelle : sur un projet de loi portant approbation de la convention entre la France et la Tchéco-Slovaquie, relative à la protection et à l'assistance judiciaire.

747. — 26 novembre : *Georges Richard*. — Commission du commerce et de l'industrie : sur la proposition de loi (adoptée par le Sénat) relative à l'éligibilité des femmes aux chambres de commerce.

763. — 27 novembre : *Etienne Rognon*. — Commission de l'armée : sur le déclassement de la lunette de Beauregard à Besançon.

764. — 27 novembre : *Chaussy*. — Commission du travail : sur la proposition de loi de M. Chaussy et plusieurs de ses collègues ayant pour but de supprimer le couchage à la paille dans les établissements agricoles.

II. Propositions de loi présentées avec la signature de tous les membres du Groupe

97. — 14 juin : *Jules Nadi*. — Tendant à l'institution du monopole des assurances par l'Etat.

101. — 14 juin : *Albert Sérol*. — Dans le but d'interdire toute expulsion des locataires de bonne foi, qu'il s'agisse de locaux d'habitation, professionnels, industriels ou commerciaux, et de modifier certaines dispositions des lois des 31 mars 1922 et 29 décembre 1923.

171. — 28 juin : *Lucien Voilin*. — Tendant à proroger jusqu'au 1er octobre 1924 le délai fixé par le deuxième paragraphe de l'article 50 de la loi du 22 mars 1924. (Renvoi à la Commission des finances.)

229. — 5 juillet : *Chaussy*. — Pour modifier l'article 24 de la loi du 1er avril sur le recrutement de l'armée concernant l'allocation aux familles nécessiteuses des militaires. (Renvoi à la Commission d'assurance et de prévoyance sociales.)

245. — 9 juillet : *Masson*. — Tendant à allouer une in-

demnité de vie chère aux enfants et orphelins des inscrits maritimes titulaires de pension sur la caisse des invalides de la marine marchande ou sur la caisse de prévoyance des marins français. (Renvoi à la Commssion des finances.)

282. — 11 juillet : *Labatut.* — Tendant à permettre aux familles nombreuses de bénéficier des lois du 22 juillet 1923, du 27 juin 1904 et du 14 juillet 1913, ainsi que de l'indemnité pour charges de famille. (Renvoi à la Commission d'assurance et de prévoyance sociales.)

283. — 11 juillet : *Labatut.* — Tendant à supprimer le pourcentage dans la réparation du nombre des allocations de soutiens de famille (modification à l'article 24 de la loi du 1ᵉ avril 1923 sur le recrutement de l'armée). (Renvoi à la Commission d'assurance et de prévoyance sociales.)

367. — 29 juillet : *Chaussy.* — Tendant à modifier la loi du 15 décembre 1922 étendant aux exploitations agricoles la législation sur les accidents du travail. (Renvoi à la Commission d'assurance et de prévoyance sociales.)

368. — 29 juillet : *Chaussy.* — Pour supprimer le couchage à la paille dans les établissements agricoles. (Renvoi à la Commission du travail.)

435. — 1ᵉʳ août : *Etienne Rognon.* — Tendant à la titularisation des agents auxiliaires des établissements et services de la guerre en fonctions au 2 août 1914. (Renvoi à la Commission des pensions.)

549. — 4 novembre : *Lucien Voilin.* — Tendant à mettre en congé libérable de six mois un tiers du contingent de l'armée active. (Renvoi à la commission de l'armée.)

564. — 4 novembre : *Théo Bretin.* — Modifiant l'article 23, paragraphe 1ᵉʳ, de la loi du 30 octobre 1886 sur le recrutement des instituteurs et des institutrices. (Renvoi à la Commission de l'enseignement et des beaux-arts.)

655. — 12 novembre : *Etienne Antonelli.* — Création d'une Commission nationale pour la répression du commerce illicite. (Renvoi à la Commission de la législation civile et criminelle.)

684. — 15 novembre : *Jules Uhry.* — Tendant à l'abro-

gation des dispositions législatives restreignant la liberté de la presse. (Renvoi à la Commission de la législation civile et criminelle.)

697. — 19 novembre : *Labatut*. — Tendant à modifier la loi du 14 juillet 1905 relative à l'assistance obligatoire aux vieillards, infirmes et incurables. (Renvoi à la Commission d'assurance et de prévoyance sociales.)

717. — 21 novembre : *Rognon*. — Tendant à l'application générale de l'attelage automatique sur tous les réseaux de chemins de fer français. (Renvoi à la Commission des travaux publics et des moyens de communication.)

760. — 27 novembre : *Compère-Morel*. — Sur les bénéfices agricoles. (Renvoi à la Commission des finances.)

III. Propositions de résolution présentées avec la signature de tous les membres du Groupe

114. — 19 juin : *Edouard Barthe*. — Tendant à la nomination d'une Commission des boissons.

115. — 19 juin : *Edouard Barthe*. — Tendant à la nomination d'une Commission des marchés de guerre et de tous autres contrats passés par l'Etat.

118. — 19 juin : *Chaussy*. — Tendant à inviter le Gouvernement à refuser l'augmentation des tarifs des abonnements de travail et l'unification des abonnements ordinaires, adoptés par le Conseil supérieur des chemins de fer le 18 juin.

124. — 26 juin : *Cluzel*. — Tendant à faire rapporter la circulaire du 24 mai sur les convocations de réservistes de la classe 1920.

130. — 26 juin : *Pressemane*. — Tendant à rétablir les permissions agricoles dans l'armée.

134. — 26 juin : *Chassanet*. — Tendant à la nomination d'une Commission d'enquête sur toutes les opérations concernant les réparations en nature.

136. — 26 juin : *Edouard Barthe*. — Concernant les périodes d'instruction militaire des vignerons.

147. — 26 juin : *Masson*. — Tendant à inviter le Gouvernement à reprendre au Sénat le projet de loi voté par la Chambre des députés, le 10 avril 1924, augmentant le taux des pensions servies par la caisse des invalides de la marine et la caisse nationale de prévoyance au profit des marins français. (Renvoi à la Commission de la marine marchande.)

148. — 26 juin : *Masson*. — Tendant à inviter le Gouvernement à reprendre au Sénat le projet de loi voté par la Chambre des Députés, le 10 avril 1924, modifiant certaines dispositions des lois sur la Caisse des invalides de la marine et sur la Caisse nationale de prévoyance au profit des marins français. (Renvoi à la Commission de la marine marchande.)

181. — 30 juin : *Edouard Barthe*. — Tendant à augmenter les crédits mis à la disposition du ministre de l'Instruction publique pour la concession des bourses nationales pour l'enseignement technique, secondaire et supérieur. (Renvoi à la Commission des finances.)

205. — 3 juillet : *Jean Félix*. — Tendant à la nomination d'une commission d'enquête parlementaire chargée de rechercher l'origine et l'emploi des fonds réunis par la Caisse électorale de l'Union des Intérêts économiques. (Renvoi à la Commission du règlement.)

222. — 4 juillet : *Etienne Rognon*. — Tendant à modifier l'article 19 de la loi du 31 mars 1919 sur les pensions militaires. (Renvoi à la Commission des pensions.)

272. — 10 juillet : *Henri Tasso*. — Tendant à étendre le bénéfice du tarif spécial de transport par voie ferrée; G. V. 8/108 au profit des associations ou sociétés sportives, touristiques, postscolaires ou musicales.

366. — 29 juillet : *Chaussy*. — Tendant à inviter le Gouvernement à diminuer et réglementer le prix des engrais et à intervenir auprès des compagnies de chemin de fer afin d'obtenir une diminution des prix de transport des outils, machines agricoles et matières premières, indispensable à l'agriculture. (Renvoi à la Commission du Commerce et de l'Industrie.)

367. — 29 juillet : *Chaussy*. — Tendant à étendre aux

exploitations agricoles la législation sur les accidents du travail. (Renvoi à la Commission d'assurance et de prévoyance sociale.)

382. — 30 juillet : *Edouard Barthe.* — Concernant l'importation des vins tunisiens. (Renvoi à la Commission des boissons.)

473. — 22 août : *Labatut.* — Tendant à aider les cultivateurs contre les risques de pertes d'animaux. (Renvoi à la Commission de l'agriculture.)

474. — 22 août : *Labatut.* — Tendant à secourir les propriétaires victimes de pertes d'animaux par suite de catastrophes. (Renvoi à la Commission de l'agriculture.)

708. — 21 novembre : *Léon Blum.* — Tendant à assurer l'élection du bureau de la Chambre au scrutin public.

766. — 27 novembre : *François Lefebvre.* — Invitant le Gouvernement à déposer un projet de loi modifiant les lois existantes concernant les pensions de retraites des ouvriers mineurs. (Renvoi à la Commission des mines et de la force motrice.)

786. — 28 novembre : *Félix Gouin.* — Tendant à inviter le Gouvernement à réunir chaque année la Commission de classement chargée d'établir le taux de l'indemnité de résidence due aux fonctionnaires. (Renvoi à la Commission des finances.)

816. — 4 décembre : *Louis Cluzel.* — Concernant les compagnies concessionnaires de chemins de fer.

IV. Proposition de résolution ou de loi d'intérêt général déposées par un ou plusieurs membres du Groupe.

69. — 5 juin : *Ponard, Barabant, Auray.* — Création d'une Commission des marchés de guerre.

89. — 19 juin : *Sully Eldin.* — Commission chargée de continuer l'examen des marchés de guerre.

113. — 19 juin : *Jean Félix, Barthe, Chaussy.* — Tendant à la titularisation des instituteurs stagiaires.

116. — 19 juin : *Evrard, Lobet, Basly, Bernard, Maes, Fernand Chaussy, J. Uhry.* — Tendant à limiter la hausse des prix des baux à loyer.

117. — 19 juin : *Chaussat, Varenne, Albert Paulin.* — Tendant à mettre à la disposition des agriculteurs des engrais azotés en quantité suffisante et aux prix les plus bas.

161. — 28 juin : *Georges Richard, Evrard, Basly, C. Bernard, Maes, Cadot, Ferrand.* — Tendant à faire bénéficier d'une pension d'Etat les sapeurs-pompiers communaux.

179. — 30 juillet : *Barthe, Varenne, Barabant, Pélissier, Chastanet, Marquet, Georges Richard, Lobet, Gamard,* — Nomination d'une Commission chargée d'examiner les projets et propositions de loi concernant le suffrage universel.

218. — 4 juillet : *Evrard, Goniaux, Escoffier, Chizel, Uhry.* — Concernant la Commission des régions libérées.

273. — 10 juillet : *Uhry.* — Tendant à atténuer les effets de la crise du logement.

329. — 29 juillet : *Uhry.* — Relative à la réquisition des logements.

332. — 29 juillet : *Charles Baron.* — Relative à la suppléance des huissiers blessés et à la création des clercs assermentés.

333. — 29 juillet : *Georges Richard.* — Relative à l'élection des membres des tribunaux de commerce.

375. — 30 juillet : *Goude.* — Ayant pour but d'étendre la compétence de la Commission des pensions.

376. — 30 juillet : *Goude, Masson et Jean Locquin.* — Ayant pour but de modifier l'article 49 de la loi du 31 mars 1919 sur les pensions militaires.

381. — 30 juillet : *Barthe, Félix.* — Tendant à réorganiser les administrations financières par la création d'inspecteurs généraux, et les services centraux du ministère des finances par des suppressions et des transformations d'emplois.

434. — 1er août : *Etienne Rognon et Nicollet.* — Ayant pour but de réglementer la fabrication et la vente des

récipients et ustensiles destinés à la préparation et à la conservation des boissons et denrées alimentaires.

477. — 22 août : *Chastanet, Albert Paulin, Thivrier, Cayrel, Nicollet.* — Tendant à accorder le repos hebdomadaire par roulement au personnel affecté à la rédaction dans les entreprises de journaux et d'informations.

484. — 23 août : *Auguste Reynaud, Henri Tasso.* — Concernant l'application de l'article 9 de la loi du 31 décembre 1922 relative au contingentement des rhums.

487. — 23 août : *Barabant.* — Tendant à supprimer les droits de circulation sur les vins.

538. — 4 novembre : *Charles Baron.* — Tendant à remplacer les impôts multiples qui frappent la vente et l'usage de l'automobile par un impôt unique sur les bandages de différentes natures.

542. — 4 novembre : *Charles Baron.* — Concernant les agents techniques auxiliaires du service des poudres.

603. — 5 novembre : *Raoul Evrard.* — Ayant pour objet de modifier en le complétant, l'article 13 de la loi du 28 avril 1919 relative à l'organisation judiciaire, aux traitements, au recrutement et à l'avancement des magistrats.

621. — 6 novembre : *François Lefebvre, Couteaux, Goniaux, Mistral, Basly, Maes, Compère-Morel, Cadot, Evrard, Bernard, Ferrand, Lebas, Delory, Plet, Saint-Venant, Léon Escoffier, Coppeaux, Briffaut, Beauvillain.* — Tendant à inviter le Gouvernement à publier un règlement d'administration publique en vue de faire appliquer la loi du 24 juin 1919 aux employés des mines.

683. — 15 novembre : *Jules Uhry.* — Tendant à la rémunération des maires et adjoints.

691. — 18 novembre : *François Lefebvre, Couteaux, Lebas, Delory, Goniaux, Léon Escoffier, Coppeaux, Briffaut, Beauvillain, Plet, Saint-Venant.* — Ayant pour but de faire payer par l'Etat les indemnités dues pour logement de familles privées d'abri ou pour l'installation de services publics dans les régions envahies pendant la guerre; 2° de comprendre comme dommages directs causés par la guerre les réquisitions de meubles et tous objets réquisitionnés par les municipalités pendant l'occupation allemande.

700. — 20 novembre : *Jules Uhry*. — Relative au classement des professeurs de gymnastique de l'enseignement secondaire dans la partie active.

724. — 24 novembre : *Jean Félix, Barthe, Payra, Chaussy*. — Tendant à la création d'une Commission supérieure des courses. (Commissions de l'agriculture.)

746. — 26 novembre : *Georges Richard*. — Tendant à rendre les femmes commerçantes, éligibles aux tribunaux de commerce.

853. — 10 décembre : *Locquin, Camille Benassy*. — Tendant à obtenir des membres de l'Université, dans le projet de relèvement des traitemnts, la péréquation établie en 1921. (Commission des finances.)

Les membres du Groupe ont donc déposé du premier juin au 15 décembre, 24 rapports et 68 propositions de résolution et de loi d'intérêt général.

LE SENAT

Signalons rapidement, et pour mémoire, les interventions des sénateurs socialistes qui se sont produites du 1er janvier au 1er juin.

Celles de *Brenier* sur la réforme électorale et contre la cession du monopole des allumettes; le rapport de *Bouveri* sur l'application à l'Alsace-Lorraine de la loi sur les associations ouvrières de production. La protestation lue à la tribune par *Reboul* contre le ministère Poincaré; les interventions de *Bouveri* dans la loi de finances contre la pénalité de 10 % infligée aux contribuables en retard et contre l'application du double décime aux victimes d'accidents du travail.

Du 1er juin au 15 décembre, les efforts de tous les sénateurs socialistes convergèrent sur l'Amnistie.

Bouveri intervint vigoureusement et à plusieurs reprises pour hâter la discussion du projet d'Amnistie au Sénat. Le 30 juillet, notamment, il suggéra, devant l'impossibilité d'arriver, avant le départ du Sénat, à un examen d'ensemble de l'Amnistie, de détacher certaines dispositions qui pourraient être votées rapidement. Le Gouvernement déclara-t-il, aurait en mains la possibilité d'apporter, dans les cas les plus urgents, la grâce qui est si impatiemment attendue par beaucoup, non pas seulement dans un esprit de clémence et de pardon, mais dans un esprit de justice.

Le 13 novembre, lorsque la discussion commença au Sénat, *Reboul*, au nom de ses quatre collègues du Parti Socialiste, s'inscrivit contre le projet de la Commission de Législation civile et criminelle du Sénat. Il en fit une critique précise et détaillée, soulignant les modifications apportées au texte de la Chambre, lesquelles rétrécissaient l'amnistie. Il réclama l'abrogation des lois scélérates, combattit le fameux paragraphe 13, ayant trait à la réintégration des cheminots révoqués que le texte de la Commission rendait facultative. Il insista sur la nécessité qu'il y avait de réintégrer les cheminots et conclut en déposant un contre-projet tendant à ne pas passer à la discussion du texte établi par la Commission du Sénat et demandant à celui-ci le vote rapide du projet adopté par la Chambre. Naturellement il ne put pas faire triompher son point de vue, mais, reprit à plusieurs reprises, par voie d'amendement, le texte de la Chambre obtenant parfois d'ailleurs satisfaction. *Fourment* et *Bruguier* déposèrent également des amendements; *Bruguier*, parlant le 18 novembre, demanda au Sénat de se rallier à l'article 10 du projet de la Chambre amnistiant la désertion à l'étranger comme la désertion à l'intérieur. Faisant appel à la clémence et à l'oubli, Bruguier obtint, du moins, que la Commission modifiât le premier alinéa de l'article 9 de son projet en substituant les mots « trois mois » aux mots « six mois » pour le temps de présence passé au front, afin d'élargir l'amnistie.

Le 12 décembre, intervenant dans l'interpellation de M. Soulié sur la désorganisation des transports et les sanctions à prendre à l'égard des compagnies concessionnaires, *Brenier* signala l'état de désorganisation dans lequel se trouve le réseau P.-L.-M. : retards de trains, chauffage inexistant, et, surtout, pénurie de matériel roulant. Il est inadmissible, dit-il, que cela puisse continuer plus longtemps sans amélioration. Il s'étonna que les compagnies fissent, dans une large mesure appel à la main-d'œuvre étrangère alors qu'elles opposent une grande résistance à la réintégration des cheminots révoqués. Il faut, conclut-il, les réintégrer. La manière forte n'a pas donné de résultats, les transports ne fonctionnent pas mieux, c'est, au contraire, avec une politique de large confiance dans le personnel que les Compagnies pourront obtenir des améliorations.

LA PROPAGANDE

La liste de réunions auxquelles les membres du Groupe ont participé et qui se trouve publiée ci-dessous ne comprend pas les réunions données dans les limites de leurs Fédérations.

Ce relevé est arrêté au 25 décembre et commence le 1er janvier 1924 ; mais il importe de noter que la plupart des membres du Groupe socialiste au Parlement sont de nouveaux élus. (1)

Réunions faites par les Députés Socialistes

Albert Paulin		Carmagnole Hubert	
Antonelli	3	Cayrel	
Auray		Chacun	
Auriol Vincent		Charles Baron	
Barabant	2	Chastanet	2
Barbin	2	Chauly	
Barthe Edouard	1	Chaussy	2
Basly		Claussat	
Beauvillain	1	Cluzel	
Bedouce	2	Compère-Morel	
Bernard César	1	Coppeaux	
Betoulle		Couteaux	1
Blum Léon	16	Darme Victor	
Bonin		Delory Gustave	
Boudet		Eldin Sully	
Bouisson		Escoffier Léon	
Bouveri		Evrard Raoul	4
Breton Jean		Félix Jean	
Briffault		Ferrand	
Brigault		Fevrier	2
Buisset	2	Fontanier	4
Cadenat		Frot Eugène	2
Cadot		Gamard	1
Calmon		Gardiol	1
Benassy Camille	2	Georges Richard	2
Canavelli		Georges Weill	2
Capgras	2	Gerboud	

<hr>

(1) Le tableau de roulement des élus pour la propagande établi par le Groupe socialiste au Parlement est entré en application le 17 novembre.

Goniaux	1	Payra Jean	1
Goude		Peirotes	
Gouin	1	Pélissier	3
Gros		Plet	
Héliès		Ponard	4
Heuze		Poncet Paul	
Hubert-Rouger	8	Pouzet	1
Jean Martin		Pressemane	3
Labatut		Puechmaille	
Lebas		Renaudel	2
Lefebvre François		Reynaud Auguste	
Lobet	1	Rieux Jean	
Locquin Jean	4	Rognon Etienne (1)	2
Maès		Saint-Venant	1
Marquet	1	Serol Albert	1
Masson	1	Sizaire	
Mistral		Spinasse	2
Morin Ferdinand		Tasso Henri	
Moutet Marius		Théo-Bretin	10
Nicollet	2	Thivrier Isidore	
Nouelle	1	Tilloy	
Parvy Jean	4	Uhry Jules (1)	2
Paul Boncour	2	Valière	
Paul Constans	1	Varenne Alexandre	
Paul Faure	32	Voilin Lucien	

Réunions faites par les Sénateurs Socialistes

Brenier		Reboul	
Bruguier	1	Valette	
Fourment			

Le rapport du Groupe socialiste au Parlement a été approuvé par le Groupe dans sa séance du 23 décembre 1924.

---

(1) Le citoyen *Rognon* a en outre participé à plusieurs autres réunions. Le citoyen *Uhry* a effectué après le congrès de Marseille une tournée de conférences.

Table des Matières

DU

RAPPORT ADMINISTRATIF

:: L'ÉMANCIPATRICE ::
IMPRIMERIE COOPÉRATIVE
3, RUE DE PONDICHÉRY,
PARIS (XVe) — 4759.12.24